“工学结合、校企合作”课程改革成果系列教材

汽车电控发动机故障排除

主　编　房旭杰

副主编　郑艳霞

参　编　宋明祥　于青娟　刘玉茂

机械工业出版社

本书是根据一体化课程的要求编写而成的，即根据国家职业标准，以综合职业能力为培养目标，通过典型工作任务分析构建课程体系，并以具体工作任务为学习载体，按照工作过程和学习者自主学习的要求，设计和安排教学活动。本书主要内容包括发动机故障指示灯常亮、冷却液温度警告灯常亮、机油压力警告灯常亮、起动机不运转、起动机运转但发动机不起动、发动机起动困难、发动机怠速不稳、发动机动力不足、发动机油耗过高、发动机加速不良十个项目。

本书可作为职业院校汽车类相关专业教材，也可供汽车维修企业岗位培训使用。

图书在版编目（CIP）数据

汽车电控发动机故障排除/房旭杰主编. —北京：机械工业出版社，2016.8

“工学结合、校企合作”课程改革成果系列教材

ISBN 978-7-111-54286-5

Ⅰ.①汽…　Ⅱ.①房…　Ⅲ.①汽车－电子控制－发动机－故障修复－中等专业学校－教材　Ⅳ.①U472.43

中国版本图书馆 CIP 数据核字（2016）第 161011 号

机械工业出版社（北京市百万庄大街 22 号　邮政编码 100037）
策划编辑：曹新宇　　责任编辑：曹新宇　李　超
责任校对：潘　蕊　陈　越　封面设计：张　静
责任印制：李　洋
北京宝昌彩色印刷有限公司印刷
2016 年 8 月第 1 版第 1 次印刷
184mm×260mm · 10.75 印张 · 257 千字
0001—2000册
标准书号：ISBN 978-7-111-54286-5
定价：29.00 元

凡购本书，如有缺页、倒页、脱页，由本社发行部调换
电话服务　　网络服务
服务咨询热线：010-88379833　　机 工 官 网：www.cmpbook.com
读者购书热线：010-88379649　　机 工 官 博：weibo.com/cmp1952
教育服务网：www.cmpedu.com
金 书 网：www.golden-book.com

Preface
前　言

一体化课程是按照经济社会发展需要和技能人才培养规律，根据国家职业标准，以综合职业能力为培养目标，通过典型工作任务分析构建课程体系，并以具体工作任务为学习载体，按照工作过程和学习者自主学习要求设计和安排教学活动的课程。本书就是根据一体化课程的要求进行编写的。

本书紧紧围绕中等职业学校汽车专业中级汽车修理工的培养要求，体现知识够用、突出技能培养、理实一体的思想，培养学生思考问题、解决问题、团结合作的能力。

本书根据“五合一”的人才培养模式，即“理论与实践合一、学校与企业合一、教师与师傅合一，学生与学徒合一、教室与车间合一”以及“任务驱动为引导、项目教学为主体、基于工作过程”的教学模式，并结合编者多年教学经验及教研成果，在充分学习、研究与借鉴相关专业人士研究成果的基础上编写而成。本书主要内容包括发动机故障指示灯常亮、冷却液温度警告灯常亮、机油压力警告灯常亮、起动机不运转、起动机运转但发动机不起动、发动机起动困难、发动机怠速不稳、发动机动力不足、发动机油耗过高、发动机加速不良十个项目。

本书由烟台船舶工业学校房旭杰担任主编，郑艳霞担任副主编，参加编写的还有宋明祥、于青娟、刘玉茂。在本书编写过程中，得到了一汽丰田等品牌4S店的大力支持，在此表示衷心的感谢。

因编者水平有限，书中错误之处在所难免，恳请专家及广大教师批评指正。

编　者

Contents

目录

项目一 01

发动机故障指示灯常亮

项目导入

一辆 2009 款卡罗拉 GL 1.6L 轿车行驶在路上，突然发现位于仪表盘上的发动机故障指示灯亮起，并且持续点亮（图 1-1）。故障指示灯为什么会点亮？出现了故障又该从哪方面去分析解决呢？下面就来学习相关的内容。

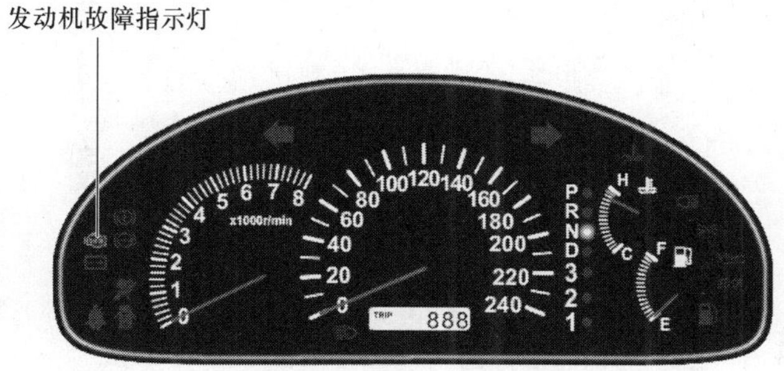

图 1-1　汽车仪表故障指示灯亮

学习目标

【技能目标】

1）能通过与客户交流、查阅相关资料等方式获取车辆信息。
2）能根据故障现象进行分析判断，并制订正确的维修计划。
3）能根据维修计划合理地组织协调维修作业。
4）能正确使用工具、量具及检测维修设备。
5）能正确检测电子控制系统故障。
6）能按照维修标准对修复质量进行检查验收。

7）能对本次维修实践活动予以合理评估。

【知识目标】

1）掌握发动机电子控制系统的组成与工作原理。

2）掌握发动机故障指示灯控制系统的组成与工作原理。

知识准备

1. 发动机电子控制系统组成及原理

发动机电子控制系统主要由电子控制单元（ECU）、信号输入装置（传感器）和输出装置（执行器）组成，如图 1-2 所示。

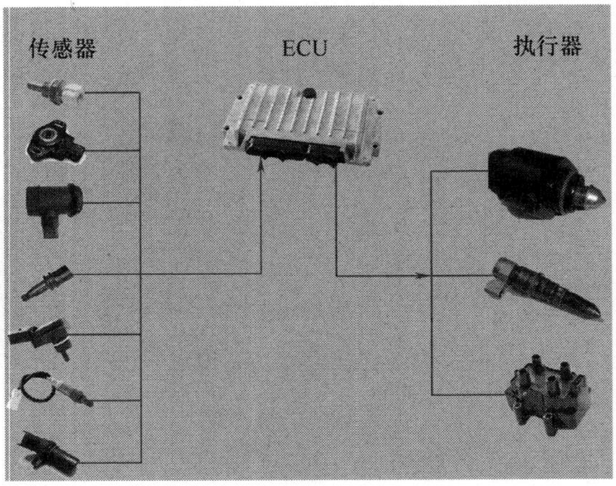

图 1-2　发动机控制系统

发动机在运行时，ECU 接收各传感器送来的发动机工况信号，并根据 ECU 内部预先编制的控制程序和存储的数据，通过计算、处理、判断，确定适应发动机工况的喷油量（喷油时间）、点火提前角等参数，并将这些数据转变为电信号，向各个执行器发出指令，从而使发动机保持最佳运行状态。

2. 故障指示灯系统组成与原理

在发动机电子控制系统中，当某个传感器、执行器或 ECU 出现故障时，随车诊断系统将会以点亮故障指示灯（MIL）的形式提醒驾驶人。

3. 随车诊断系统

自 20 世纪 80 年代开始，国外各汽车制造厂开始在其生产的车辆上配备控制与诊断系统，这种系统在车辆出现故障时，可以及时提醒驾驶人以及帮助维修人员通过特定的方式读取故障码，加快维修速度。汽车业称这种系统为随车诊断系统（OBD）（图 1-3）。随着汽车技术的发展，随车诊断系统也已经发展到了第二代甚至第三代产品，有力地推动了汽车诊断系统的发展。

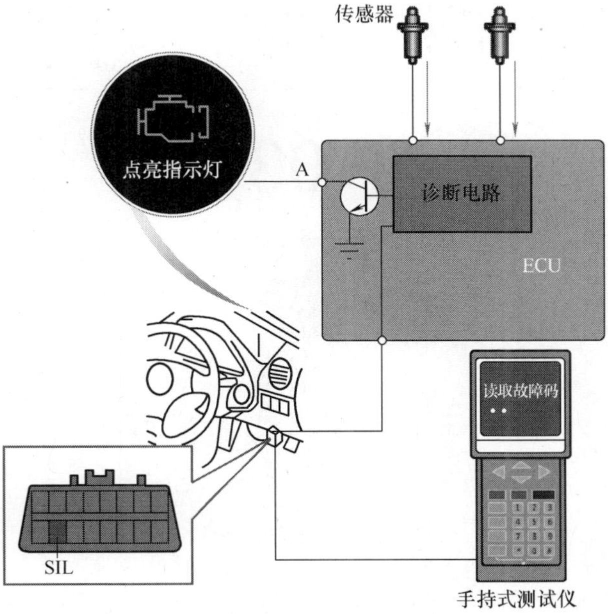

图 1-3　汽车发动机故障随车诊断系统

随车诊断系统自动检测发动机电子控制系统，并把故障以故障码的形式存储起来，使用汽车故障诊断仪可以检测出故障码，判断故障部位。

OBD-Ⅱ是第二代随车诊断系统的简称。1994 年，美国汽车工程师学会（SAE）提出了第二代随车诊断系统（OBD-Ⅱ）的标准规范，并规定了从 1996 年起在世界范围内统一执行。第二代随车诊断系统具有以下特点：

1）较强的检测排放功能。

2）采用标准的 OBD-Ⅱ 16 端子数据通信插接器（DLC），图 1-4 所示为诊断接口。

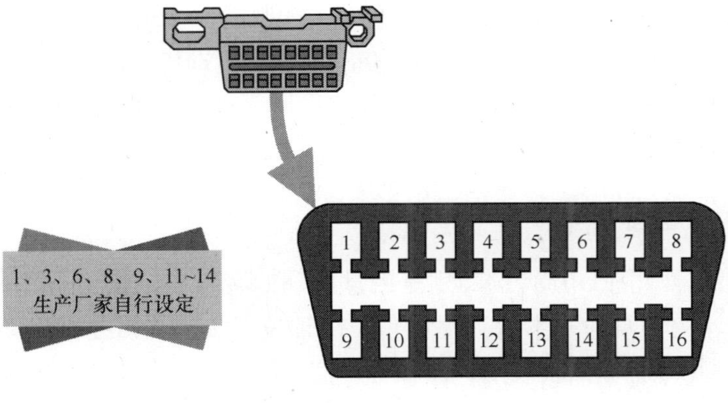

图 1-4　诊断接口

3）标准的通信协议、诊断模式和通用的诊断仪，使诊断仪使用很方便。

4）统一的故障码编制方法及含义，使得故障码的识别和分析更快速。故障码规范含义如图 1-5 所示。

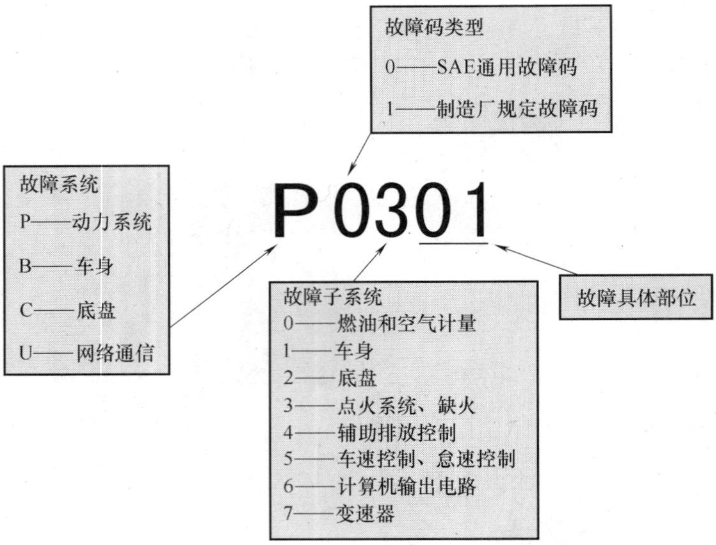

图 1-5　故障码规范含义

5）统一的部件名称和缩写及标准的诊断信息数据格式，使得各种信息不再混乱。

6）信息量大。

4. 汽车故障诊断仪

汽车故障诊断仪（又称汽车解码器）是用于检测汽车故障的便携式智能汽车故障自检仪，用户可以利用它迅速地读取汽车电控系统中的故障，并通过液晶显示屏显示故障信息，迅速查明发生故障的部位及原因。汽车故障诊断仪按适用范围可分为专用型诊断仪和通用型诊断仪（图 1-6）。

5. 导致故障指示灯亮的传感器及其故障码

传感器好比是发动机的“情报员”，相当于人的眼睛、鼻子、耳朵，用于收集发动机的各种运转信息。传感器本身或其线路出现故障，将导致发动机故障指示灯亮。常见的传感器有曲轴位置传感器、凸轮轴位置传感器、空气流量传感器、冷却液温度传感器、节气门位置传感器等。以卡罗拉轿车为例，上述传感器常见的故障码见表 1-1。

6. 曲轴位置传感器

曲轴位置传感器（图 1-7a）的功用是测量曲轴的转速和位置，其产生的发动机转速信号，用来决定基本喷油量和基本点火提前角。曲轴位置传感器产生曲轴基准位置信号（一缸上止点信号），用以计算曲轴转角，曲轴转角信号用以判定曲轴（或活塞）位置。发动机 ECU 用此信号控制燃油喷射量、喷油正时、点火时刻（点火提前角）、点火线圈充电闭合角、怠速转速及电动汽油泵的运行等。图 1-7b 所示为曲轴位置传感器的输出波形。

丰田Intelligent Tester故障诊断仪

大众VAG1552故障诊断仪

a)

车博士A2600故障诊断仪

金德KT300故障诊断仪

b)

图 1-6　专用型和通用型诊断仪

a）专用型诊断仪　b）通用型诊断仪

表 1-1　传感器常见的故障码

传感器名称	故 障 码	故 障 部 位
曲轴位置传感器	P0335	曲轴位置传感器“A”电路
	P0339	曲轴位置传感器“A”电路间歇性故障
凸轮轴位置传感器	P0340	凸轮轴位置传感器电路故障
	P0342	凸轮轴位置传感器“A”电路低输入（B1 或单个传感器）
	P0343	凸轮轴位置传感器“A”电路高输入（B1 或单个传感器）
空气流量传感器	P0100	质量或体积空气流量电路
	P0102	质量或体积空气流量电路低输入
	P0103	质量或体积空气流量电路高输入
冷却液温度传感器	P0115	发动机冷却液温度电路故障
	P0116	发动机冷却液温度电路范围/性能故障
	P0117	发动机冷却液温度电路低输入
	P0118	发动机冷却液温度电路高输入

（续）

传感器名称	故障码	故障部位
节气门位置传感器	P0120	节气门位置传感器“A”电路故障
	P0122	节气门位置传感器“A”电路低输入
	P0123	节气门位置传感器“A”电路高输入
	P0220	节气门位置传感器“B”电路故障
	P0222	节气门位置传感器“B”电路低输入
	P0223	节气门位置传感器“B”电路高输入
	P2135	节气门位置传感器“A”或“B”电压相关性

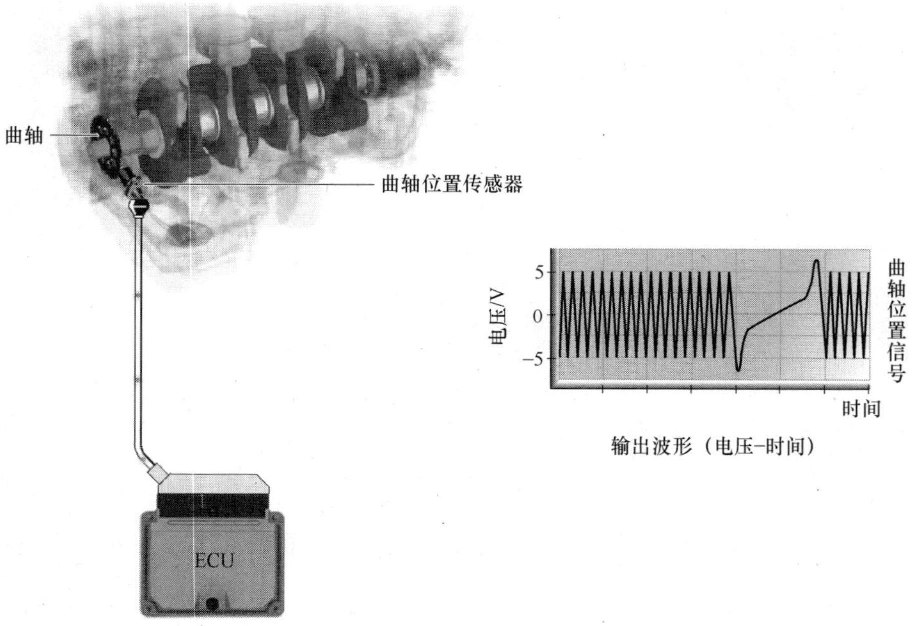

a)　　b)

图 1-7　曲轴位置传感器及其输出波形

a）曲轴位置传感器　b）输出波形

故障分析

故障指示灯控制与检测流程如图 1-8 所示。

当电子控制系统出现故障时，ECU 将控制位于仪表盘上的发动机故障指示灯亮起。检测时可以用诊断仪读取故障码，按故障码提示，进行详细的数值检测与分析来确定故障点，当发现某个测量数值与标准数值不匹配时，就基本能够确定某个传感器或执行器损坏，进行下一步修复或更换，以排除故障，恢复车辆性能。本项目以曲轴位置传感器电路故障为例对故障进行分析并解决。

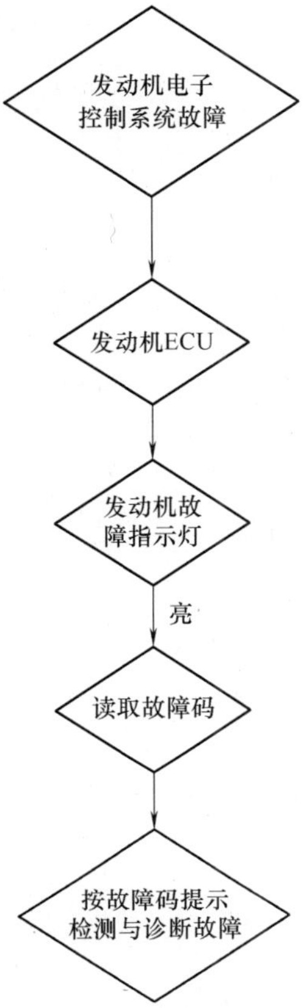

图 1-8　故障指示灯控制与检测流程

实施路径

- 第一步　• 读取故障码
- 第二步　• 读取数据流（发动机转速）
- 第三步　• 检测曲轴位置传感器脉冲波形
- 第四步　• 检查曲轴位置传感器电阻
- 第五步　• 检查曲轴位置传感器电路
- 第六步　• 检查曲轴位置传感器安装情况
- 第七步　• 检查曲轴信号盘

实施方案

1）课时建议：6 学时（按实际维修工时要求）。
2）教学环境：理实一体化教学实训中心。
3）质量要求：参照厂家的质量标准要求。
4）组织方式：学生自由组合，每 4 ~6 位同学为一组。
5）生产准备，每组配备的工具及设备：
① 场地：装有废气抽排系统和消防设施的实训维修车间。
② 举升机、安全支座、套装常用工具。
③ 卡罗拉轿车、维修作业台等。
④ 仪器：故障诊断仪、万用表、示波仪等。
⑤ 耗材：清洁布、清洗液等。
6）实训作业要求（见附录 B）。

实施步骤

第一步：读取故障码

1）打开故障诊断仪接口盖。
2）将汽车故障诊断仪连接到故障诊断接口 DLC3 上（图 1-9）。

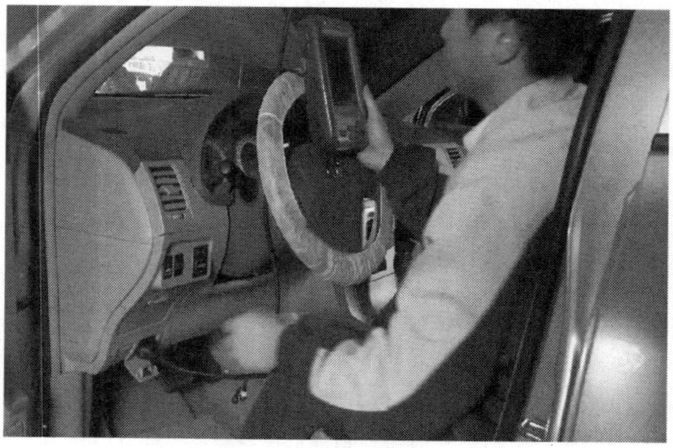

图 1-9　连接诊断仪

3）将点火开关打开到“ON”位置。
4）打开汽车故障诊断仪。
5）选择诊断仪的功能菜单选项（图 1-10）。
6）读取故障码（图 1-11）。
7）确认故障码为 P0335 曲轴位置传感器“A”电路和 P0339 曲轴位置传感器“A”电路间歇性故障，并将其记录下来。

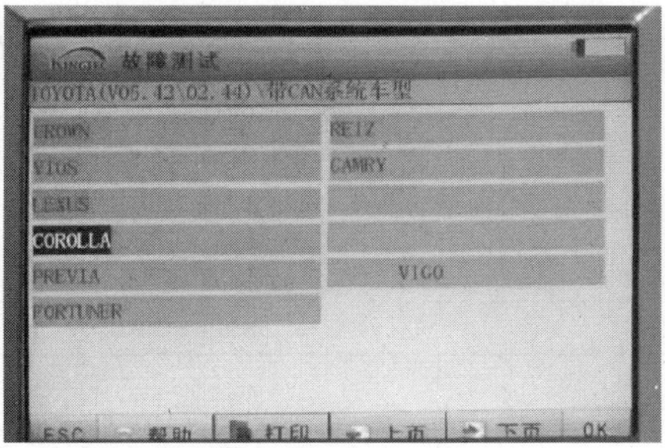

图 1-10　诊断仪功能菜单选择

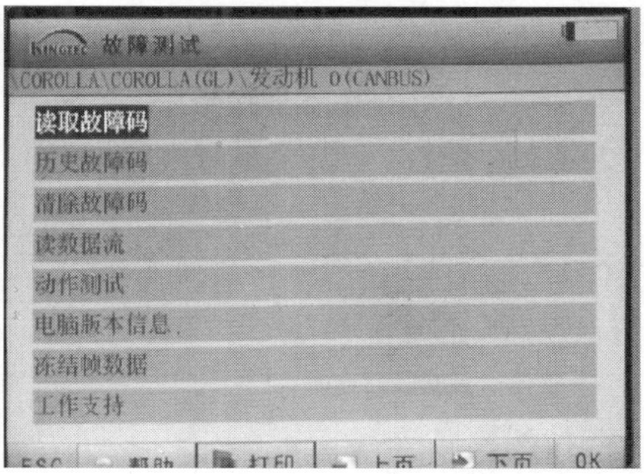

图 1-11　读取故障码

第二步：读取数据流（发动机转速）

1）打开故障诊断接口盖。

2）将汽车故障诊断仪连接到故障诊断接口 DLC3 上。

3）将点火开关打开到“ON”位置。

4）打开汽车故障诊断仪。

5）选择诊断仪的功能菜单选项，读数据流（图 1-12）。

6）发动机运转时，读取诊断仪上显示的值（图 1-13）。若检测值为 0，则说明曲轴位置传感器电路可能存在断路或短路。

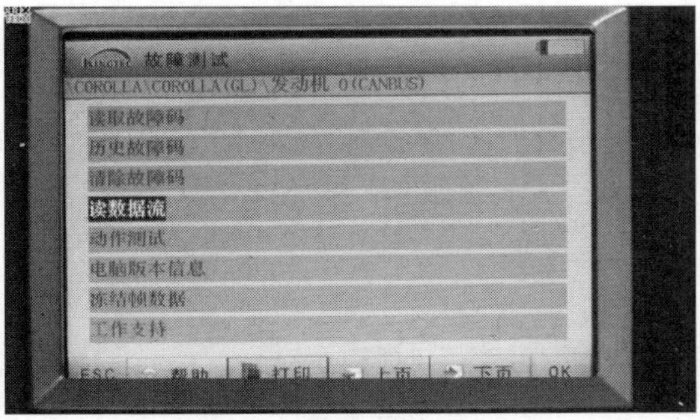

图 1-12　读数据流

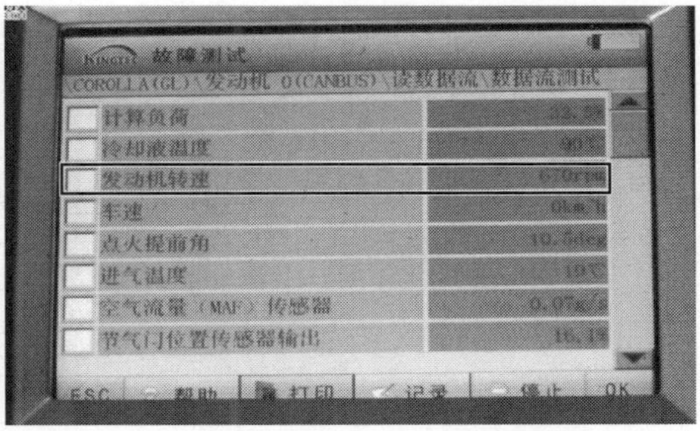

图 1-13　读取诊断仪上显示的值

第三步：检测曲轴位置传感器脉冲波形

1）起动发动机，使发动机暖机。

2）发动机处于怠速运转状态时，打开示波器电源开关，调整示波器量程为 5V/格、20ms/格。检测以下两端子间的脉冲波形：

B31-122（NE+）与 B31-121（NE-）。

3）比对正常波形，分析检测波形（图 1-14）。

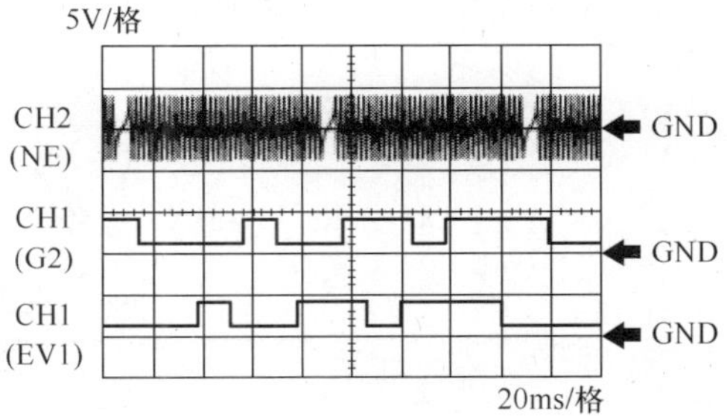

图 1-14　曲轴位置传感器波形图

第四步：检查曲轴位置传感器电阻

1）断开曲轴位置传感器插接器。

2）根据表 1-2 中的值测量电阻。

表 1-2　测量电阻条件值

检测端子	检测条件	规定状态
端子 1 与端子 2（图 1-15）	20℃	1850～2450Ω

若检测数据不在规定范围内，则说明曲轴位置传感器与 ECM 之间的电路存在断路故障，需要更换曲轴位置传感器。

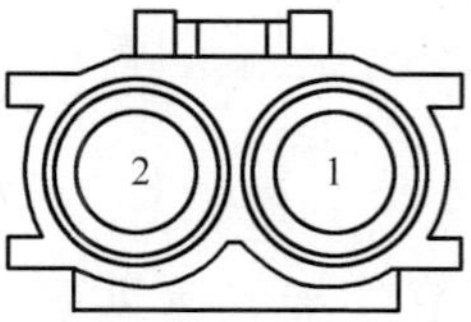

图 1-15　曲轴位置传感器端子

第五步：检查曲轴位置传感器电路

1）断开曲轴位置传感器插接器。

2）断开 ECM 插接器（图 1-16）。

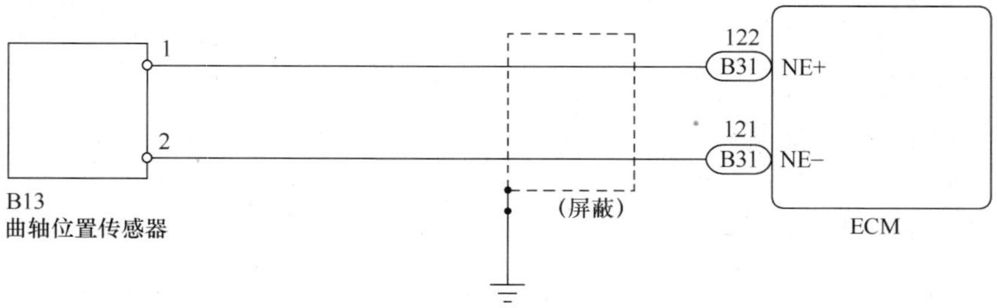

图 1-16　曲轴位置传感器与 ECU 连接器

3）将万用表旋转至欧姆（Ω）档，检测 B13-1 与 B31-122（NE＋）、B13-2 与 B31-121（NE－）（图 1-17）之间的电阻，记录检测数据并与表 1-3 中数据进行对比。

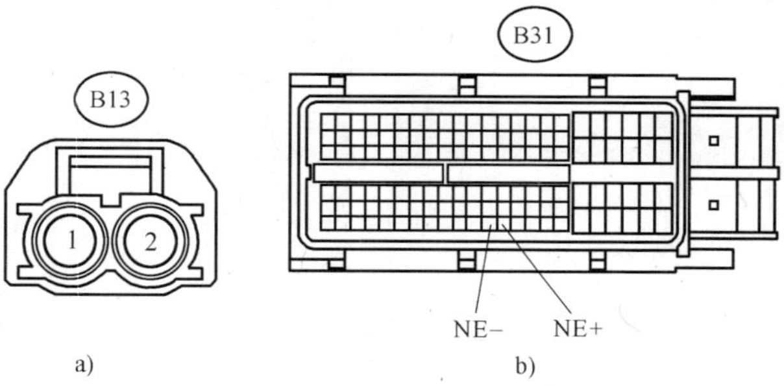

图 1-17　曲轴位置传感器端子及 ECU 端子

a）线束插接器前视图（至曲轴位置传感器）　b）线束插接器前视图（至 ECM）

表 1-3　标准检测数据

检测端子	检测条件	规定状态
B13-1 与 B31-122（NE＋）（图 1-17）	始终	小于 1Ω
B13-2 与 B31-121（NE－）（图 1-17）	始终	小于 1Ω

若检测数据不在规定范围内，则说明曲轴位置传感器与 ECM 之间的电路存在断路故障，应插紧线束插接器或者更换线束插接器。

4）检测 B13-1 与车身搭铁、B13-2 与车身搭铁两端子之间电阻，记录检测数据并与表 1-4中数据进行对比。

表 1-4　数据规定范围

检测端子	检测条件	规定状态
B13-1 与车身搭铁	始终	10kΩ 或更大
B13-2 与车身搭铁	始终	10kΩ 或更大

若检测数据不在规定范围内，则说明曲轴位置传感器与 ECM 之间的电路存在短路故障，应插紧线束插接器或者更换线束插接器。

5）重新连接曲轴位置传感器插接器。

6）重新连接 ECM 插接器。

第六步：检查曲轴位置传感器安装情况

检查曲轴位置传感器的安装情况，保证传感器安装正确并且牢固（图 1-18）。

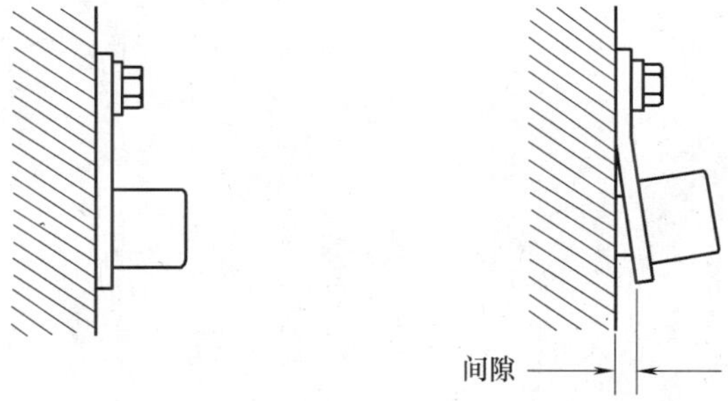

a)　　b)

图 1-18　曲轴位置传感器端子

a）正常　b）异常

第七步：检查曲轴信号盘

检查曲轴位置传感器信号盘齿有无任何裂纹或变形。若曲轴信号盘出现裂纹或变形情况，则需要更换曲轴位置信号盘。

维修完成后，检验维修质量，并进行车辆最终检查，清洁、整理工量具，清洁、整理场地。

项目评价（见附录 A）

项目二 02

冷却液温度警告灯常亮

项目导入

有一辆卡罗拉轿车，近期出现了不能正常起动的现象，每次起动均不能顺利着车，需要多次起动才能着车；车辆起动后，发现位于车辆仪表盘上的冷却液温度警告灯常亮，汽车仪表指示冷却液温度异常（图 2-1）。请根据故障特征进行检查、诊断与维修。

图 2-1　汽车仪表指示冷却液温度异常

学习目标

【技能目标】

1）能通过与客户交流、查阅相关维修技术资料等方式获取车辆信息。

2）能根据故障现象制订正确的维修计划。

3）能根据维修计划合理地组织协调维修作业。

4）能正确使用工具、量具及检测维修设备。

5）能正确选择诊断设备对冷却液温度警告灯常亮故障进行诊断。
6）能正确记录、分析各种检测结果并做出故障判断。
7）能按照正确操作规范进行相关部件的更换。
8）能按照维修标准对修复质量进行检查验收。
9）能对本次维修实践活动予以合理评估。
10）能根据环保要求，正确处理对环境和人体有害的废料和损坏零部件。

【知识目标】

1）掌握冷却液温度传感器的功用及原理。
2）掌握冷却系统的基础知识。

知识准备

认识发动机冷却系统

在发动机工作期间，气缸内最高燃烧温度可能高达2500℃，即使在怠速或中等转速下，燃烧室的平均温度也在1000℃以上。因此，与高温燃气接触的发动机零件需承受高温。在这种情况下，若不进行适当的冷却，发动机将会过热，工作过程恶化，零件强度降低，机油变质，零件磨损加剧，最终导致发动机动力性、经济性、排气净化性、可靠性及耐久性全面下降。但是冷却过度也是有害的，过度冷却会使发动机长时间在低温下工作，会使散热损失及摩擦损失增加，零件磨损加剧，排放恶化，发动机爆燃，发动机功率下降及燃油消耗率增加。图2-2所示为汽车发动机冷却系统示意图，冷却系统既要防止发动机过热，也要防止冬季发动机过冷。在发动机冷起动之后，冷却系统还要保证发动机迅速升温，以尽快达到正常的工作温度。

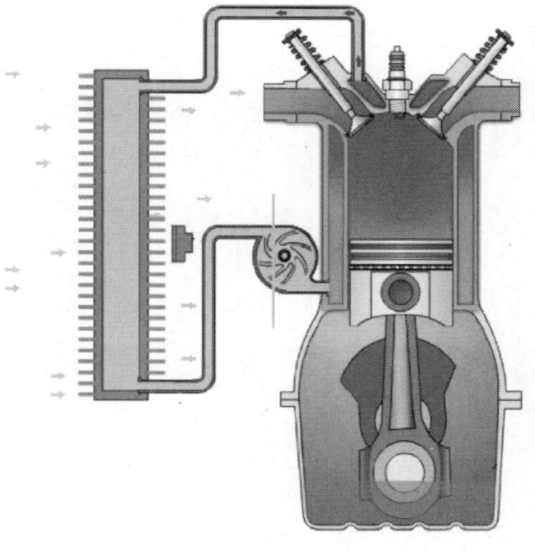

图2-2　汽车发动机冷却系统示意图

（1）冷却系统的类型

发动机的冷却系统有两种类型：风冷系统和水冷系统（图2-3）。以空气为冷却介质的冷却系统称为风冷系统；以冷却液为冷却介质的称为水冷系统。汽车发动机尤其是轿车发动机大都采用水冷系统，只有少数汽车发动机采用风冷系统。汽车发动机的水冷系统均为强制循环水冷系统，即利用水泵提高冷却液的压力，强制冷却液在发动机中循环流动（冷却液工作温度一般为80～105℃）。

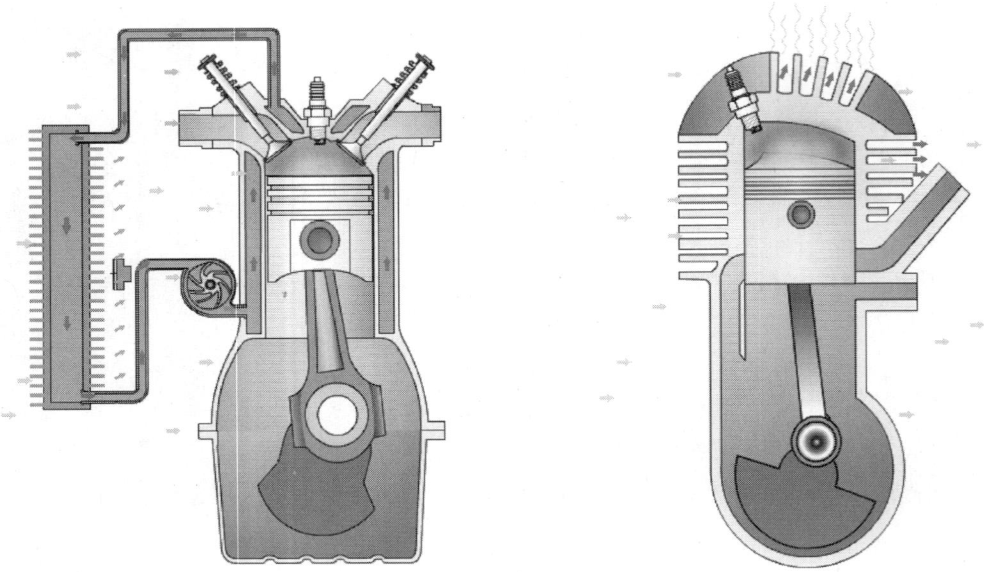

a)　　　　　　b)

图 2-3　发动机冷却类型

a）风冷系统　b）水冷系统

（2）水冷系统的组成和工作过程

水冷系统中，水为冷却介质，采用强制循环式，利用水泵强制水在冷却系统中循环流动。水冷系统由散热器、水泵、风扇、冷却水套和节温器等组成，如图 2-4 所示。

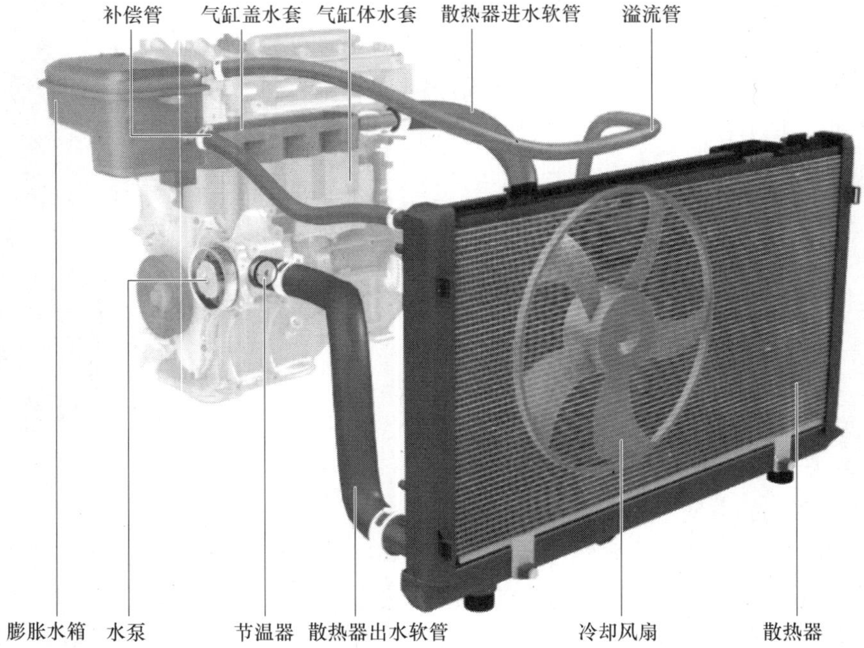

图 2-4　发动机水冷系统组成

冷却液的流通路线为散热器中的冷却液经水泵抽吸进入气缸体的水套，再由缸体流向散热器，形成冷却液的循环，如图 2-5 所示。冷却液的循环路线分为大循环和小循环。

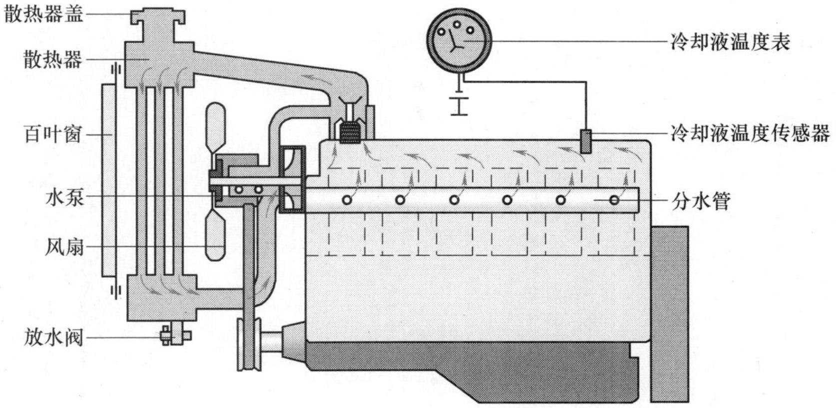

图 2-5　水冷系统工作原理

当发动机处于预热等低温状态时，节温器使水套流出的冷却液不经散热器直接进入水泵，起加速升温的作用，这样的循环过程称为小循环。

当发动机处于大负荷等高温状态时，节温器使水套流出的冷却液全部流入散热器，进行有效散热，这样的循环过程称为大循环。

故障分析

造成冷却液温度警告灯常亮的主要原因，一是发动机冷却液温度过高；二是发动机冷却液液位过低；三是发动机冷却液温度传感器及其电路故障。

发动机冷却液温度过高是发动机的典型故障。如果汽车出现发动机冷却液温度过高的故障，原因可能是冷却液温度控制信号系统故障、发动机冷却系统故障和非冷却系统故障。

发动机冷却液温度控制信号系统的主要故障有：

1）冷却液温度传感器故障。

2）相关线路短路故障。

发动机冷却系统故障导致发动机冷却液温度过高的主要原因有：

1）散热器及发动机水套水垢太多。

2）节温器损坏造成打不开，使冷却液不能顺畅进入水箱形成大循环。

3）水泵损坏或传动带打滑造成水泵运行不良。

4）冷却液液位过低。

5）冷却系统内部有空气，造成冷却液不能正常循环，气缸垫损坏，导致气缸中高温高压气体进入冷却系统而使冷却液温度很快升高至开锅。

6）冷却系统有泄漏。

实施路径

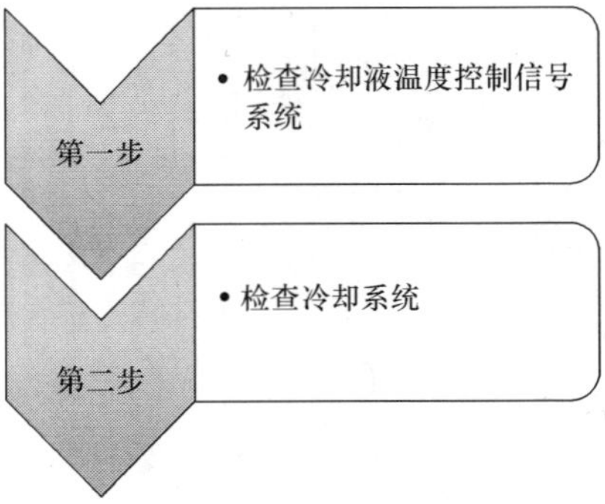

实施方案

1）课时建议：10 学时（按实际维修工时要求）。
2）教学环境：理实一体化教学实训中心。
3）质量要求：参照厂家的质量标准要求。
4）组织方式：学生自由组合，每 4～6 位同学为一组。
5）生产准备，每组配备的工具及设备：
① 场地：装有废气抽排系统和消防设施的实训维修车间。
② 举升机、安全支座、常用工具套装。
③ 卡罗拉轿车、维修作业台等。
④ 仪器：故障诊断仪、万用表。
⑤ 耗材：清洁布、清洗液等。
6）实训作业要求（见附录 B）。

实施步骤

在进行故障诊断与维修之前，首先尝试起动发动机，仔细观察车辆状况，确认故障现象。根据故障特征初步判断可能发生的故障区域。

第一步：检查冷却液温度控制信号系统

使用故障诊断仪读取故障码，可能的故障码见表 2-1。

表 2-1　冷却液温度传感器故障码

冷却液温度传感器故障	P0115	发动机冷却液温度电路故障
	P0116	发动机冷却液温度电路范围/性能故障
	P0117	发动机冷却液温度电路低输入
	P0118	发动机冷却液温度电路高输入

如果有以上故障码，则表示冷却液温度传感器发生故障。如无故障码，则进行下一步操作。下面为冷却液温度传感器故障排除步骤。

1. P0115/P0117/P0118 故障排除

使用故障诊断仪读取数据流（冷却液温度值）：

1）将故障诊断仪连接到 DLC3。

2）起动发动机，并打开故障诊断仪。

3）选择以下菜单项：Powertrain/Engine and ECT/DataList/Coolant Temp。

4）读取故障诊断仪上的值，见表 2-2。

标准：发动机暖机时，冷却液温度在 80～100℃。

表 2-2　故障诊断仪读数

结　果	转　至
显示温度为 -40℃	故障 1 诊断与排除
显示温度为 140℃或更高	故障 2 诊断与排除

（1）故障 1：冷却液温度传感器电路断路

1）使用故障诊断仪读取数值（检测线束是否断路）。图 2-6 所示为冷却液温度传感器控制电路。

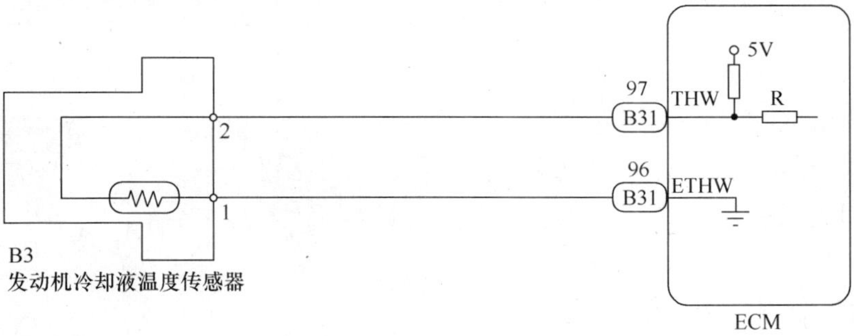

图 2-6　冷却液温度传感器控制电路

① 确认发动机冷却液温度传感器连接良好。

② 断开冷却液温度传感器插接器。

③ 连接线束侧传感器插接器端子 1 和端子 2。

④ 将故障诊断仪连接到 DLC3。

⑤ 将点火开关置于“ON”位置并开启故障诊断仪。

⑥ 选择以下菜单项：Powertrain/Engine and ECT/DataList/Coolant Temp。

⑦ 读取检测仪上的显示值。

标准：冷却液温度为 140℃或更高。

⑧ 重新连接发动机冷却液温度传感器插接器（图 2-7）。

如果读取的数值在 140℃或以上，则更换发动机冷却液温度传感器，更换方法参考实践操作 1；否则，执行步骤②。

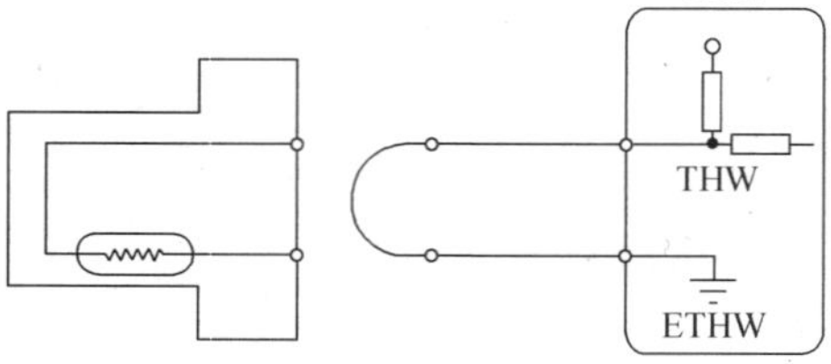

a)

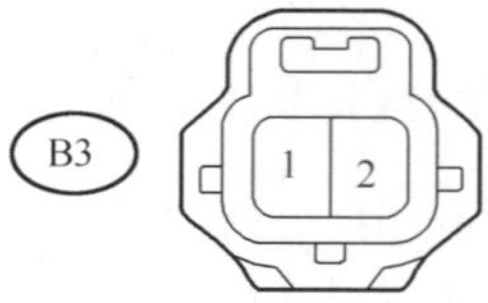

b)

图 2-7　冷却液温度传感器及端子

a）发动机冷却液温度传感器　b）线束插接器前视图（至发动机冷却液温度传感器）

实践操作 1：更换冷却液温度传感器

1. 前期准备

1）举升车辆，拧松散热器放水螺栓，排放发动机冷却液（图 2-8），排放完毕后，拧紧散热器防水螺栓。

2）待发送机冷却后，拧松冷却液储液罐盖。

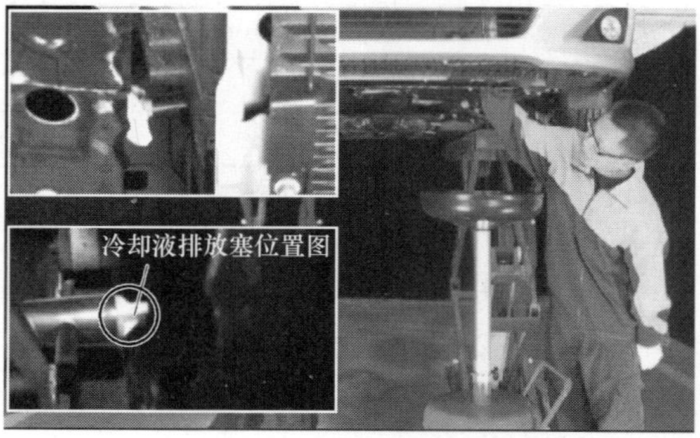

图 2-8　排放发动机冷却液

3）断开质量空气流量计插接器，松开空气滤清器卡箍，断开 2 号通风软管。

4）选用合适的工具（棘轮扳手、10mm 套筒、接杆），正确组合工具，拧下进气软管与节气门体的连接螺栓，分离两者连接，取下空气滤清器盖，拆下空气滤清器滤芯及下壳体（图 2-9）。

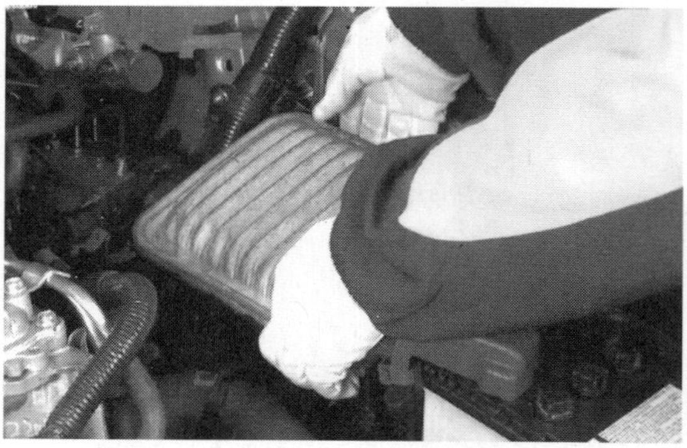

图 2-9　拆下空气滤清器滤芯及下壳体

注意

在发动机和散热器还没有冷却下来时，不要拆下散热器储液罐盖。防止热发动机冷却液和蒸汽释放出来，引起烫伤。

2. 拆卸冷却液温度传感器

1）断开冷却液温度传感器插接器。

2）选用合适的工具（棘轮扳手、19mm 套筒），正确组合工具，拧松冷却液温度传感器，用手取下（图 2-10）。

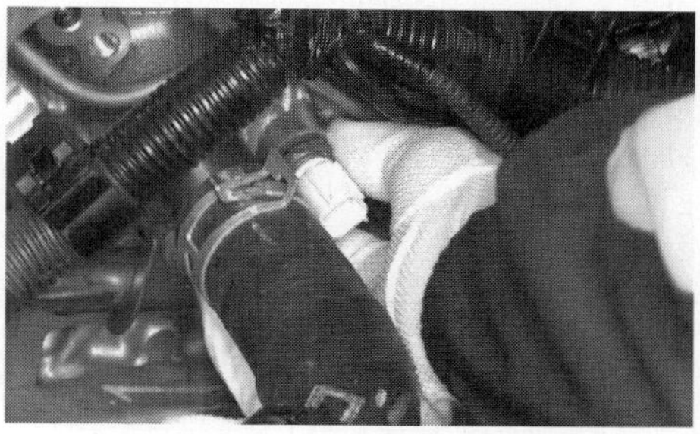

图 2-10 拆下冷却液温度传感器

3. 检查冷却液温度传感器

1）检查冷却液温度传感器外观是否破损。

2）选用数字万用表，将红黑表笔互测检查万用表误差。

3）将冷却液温度传感器放入烧杯的水中并加热，测量不同温度下传感器的阻值（图 2-11）。正常情况下，在 20℃时，标准阻值为 2. 32 ~ 2. 59kΩ；在 80℃ 时，标准阻值为 0. 310 ~ 0. 326kΩ，如果测得的阻值不符合标准，则更换冷却液温度传感器。

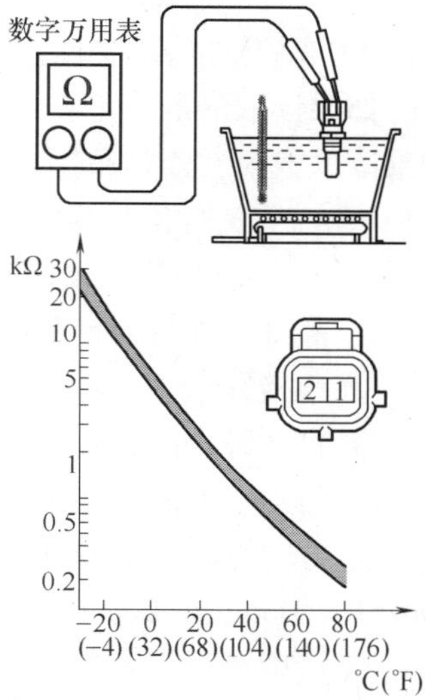

图 2-11 检测冷却液温度传感器

注意

在水中检测传感器时，不要让水进入端子，检查完毕后，应干燥传感器。

4. 安装冷却液温度传感器

1）按与拆卸相反的顺序安装冷却液温度传感器。

2）按与拆卸相反的顺序安装空气滤清器。

3）向膨胀水箱中添加发动机冷却液至规定位置（*B* 刻度线），如图 2-12 所示。

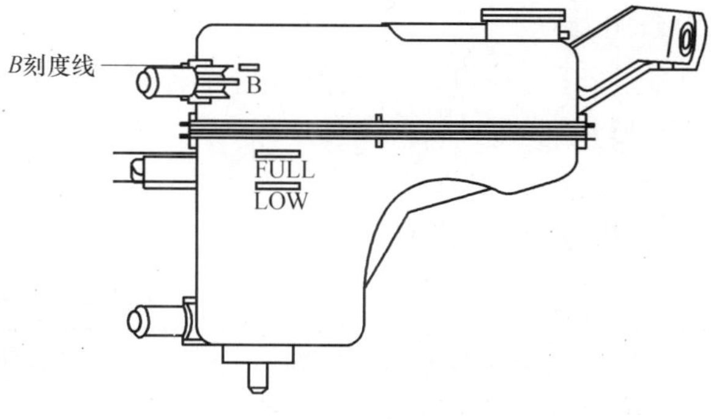

图 2-12 膨胀水箱

2）检测线束和插接器（发动机冷却液温度传感器—ECM）。

① 断开发动机冷却液温度传感器插接器（图 2-13）。

② 断开 ECM 插接器。

③ 根据表 2-3 中的值测量电阻。

表 2-3　电阻规定值

故障诊断仪连接	条　件	规定状态
B3-2—B31-97（THW）	始终	小于 1Ω
B3-1—B31-96（ETHW）	始终	小于 1Ω

④ 重新连接发动机冷却液温度传感器插接器。

⑤ 重新连接 ECM 插接器。

如果读取的数值不在规定范围内，应更换线束或插接器（冷却液温度传感器—ECM）；如果读取数值在规定范围内，则更换 ECM。

（2）故障 2：冷却液温度传感器电路短路

1）使用故障诊断仪读取数值（检查线束是否短路）。

① 断开冷却液温度传感器插接器。

② 连接线束侧传感器插接器端子 1 和端子 2。

③ 将故障诊断仪连接到 DLC3。

④ 将点火开关置于“ON”位置并开启故障诊断仪。

⑤ 选择以下菜单项：Powertrain/Engine and ECT/DataList/Coolant Temp。

⑥ 读取检测仪上的显示值。

标准：冷却液温度为 -40℃。

⑦ 重新连接发动机冷却液温度传感器插接器。

如果读取的数值在标准范围内，则更换发动机冷却液温度传感器，更换方法参考实践操作 1；否则，执行步骤②。

2）检查线束插接器（冷却液温度传感器—ECM）。

① 断开发动机冷却液温度传感器插接器（图 2-13）。

② 断开 ECM 插接器。

③ 根据表 2-4 中的值测量电阻。

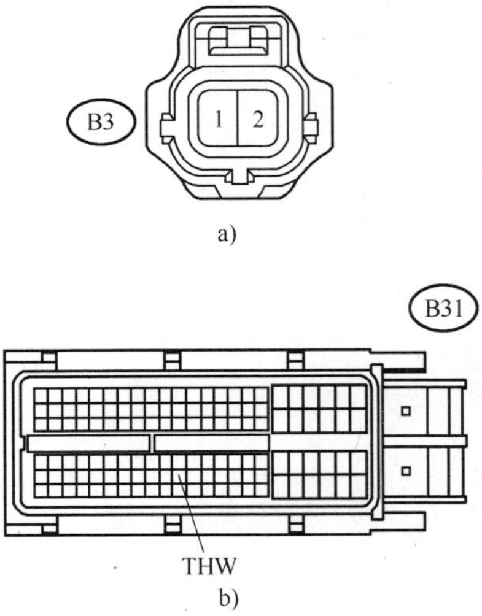

图 2-13　冷却液温度传感器端子及 ECU 端子

a）线束插接器前视图（至发动机冷却液温度传感器）

b）线束插接器前视图（至 ECM）

表 2-4　标准电阻

故障诊断仪连接	条　件	规定状态
B3-2 或 B31-97（THW）—车身搭铁	始终	10kΩ 或更大

④ 重新连接发动机冷却液温度传感器插接器。

⑤ 重新连接 ECM 插接器。

如果读取的数值不在规定范围内，则更换线束或插接器（冷却液温度传感器—ECM）；如果读取数值在规定范围内，则更换 ECM。

2. P0116 故障排除

（1）检查是否有其他 DTC 输出（除 DTCP0116 以外）

1）将故障诊断仪连接到 DLC3。

2）将点火开关置于“ON”位置并开启检测仪。

3）选择以下菜单项：Powertrain/Engine and ECT/DTC。

4）读取 DTC。

如果无其他故障码，执行后面的操作步骤；如果有其他故障码，则查阅维修手册相关故障码信息。

（2）检查节温器

1）拆下节温器。

2）测量节温器阀门开启温度。

标准温度：80 ~ 84℃

提示：除以上检查外，确认阀门在温度低于标准时完全关闭。

3）重新安装节温器。

如果读取温度值在标准范围内，则更换发动机冷却液温度传感器，更换方法参考实践操作 1；否则，更换节温器，更换方法参考实践操作 2。

实践操作 2：更换节温器

1. 拆卸节温器

1）松开散热器放水螺栓。

① 根据维修手册规定，将车辆举升至合适位置。将放水收集器放到放水螺栓下方。

② 拧松散热器放水螺栓（图 2-14）。

③ 待冷却液排净后，拧紧散热器放水螺栓。

2）打开散热器储液罐盖。

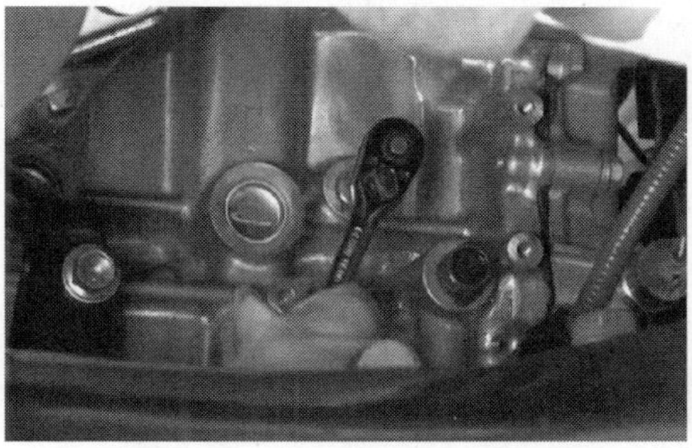

图 2-14　拧松放水螺栓

注意

在发动机和散热器还没冷却下来时，不要拆下散热器储液罐盖，防止热发动机冷却液和蒸汽释放出来并导致烫伤。

3）松开气缸体放水螺栓，将收集器放置于放水螺栓下方。

① 正确选用 10mm 套筒、棘轮扳手拧松气缸体放水螺栓。

② 待冷却液完全排净后，拧上放水螺栓。

③ 正确使用工具紧固放水螺栓。

4）拆卸节温器。

① 选用10mm套筒、棘轮扳手，正确使用工具拆卸发动机进水口2个固定螺母（图2-15）。

图2-15　拆卸进水口固定螺母

② 将进水管移开进水口。

③ 拆下节温器及衬垫（图2-16）。

图2-16　拆下节温器

5）从节温器上取下衬垫（图2-17）。

2. 安装节温器

1）安装节温器衬垫。

① 检查节温器零件号是否正确，节温器外观是否完好。

② 检查新的节温器衬垫号，检查节温器外观是否有损伤。

③ 将节温器衬垫安装到节温器上。

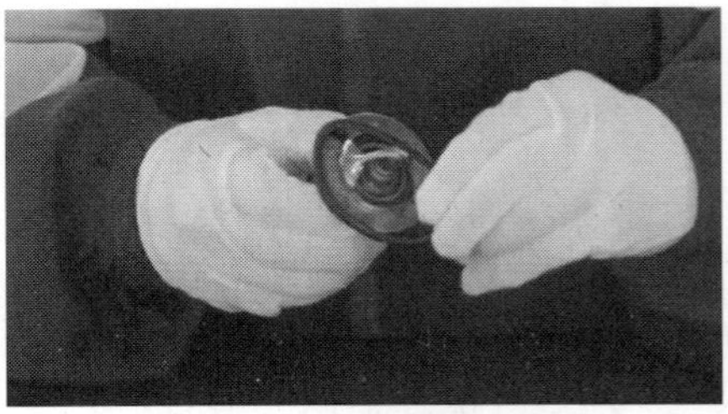

图2-17　取下节温器衬垫

2）将节温器安装至散热器进水口上。

注意

通气阀可设置在规定位置两侧10°范围内（图2-18）。

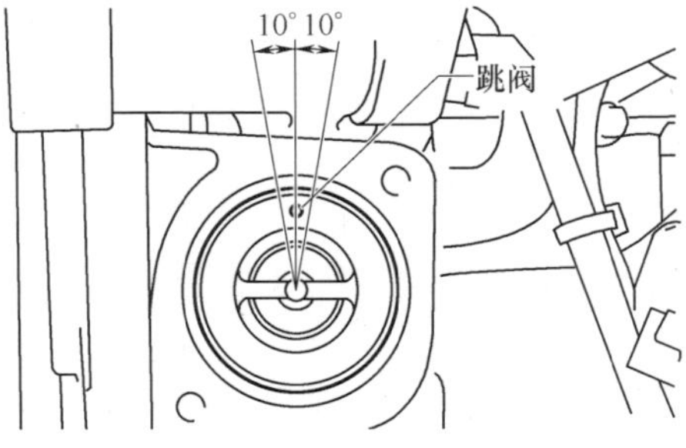

图2-18　节温器通气阀

3）安装发动机进水口接头的两个固定螺母，并均匀交替紧固至规定力矩：10N·m。

3. 添加发动机冷却液

1）根据维修手册规定，选择正确型号的冷却液（图 2-19）。

2）取下散热器储液罐盖，加注冷却液至 *B* 刻度线。

3）用手挤压进水软管和出水软管数次，观察冷却液液位。如果液位正常，拧紧储液罐盖。

4. 发动机暖机

1）检查档位开关是否处于 P 档或空档位置，驻车制动器是否拉紧。

2）起动发动机，保持怠速运行，打开暖风开关至最高档位进行暖机。

3）暖机过程要观察仪表板冷却液温度表，当指针指示到 80～95℃时，关闭发动机。

5. 冷却系统检漏

检查进水口安装位置（图 2-20）是否有冷却液泄漏。如有泄漏，应修复。

图 2-19　冷却液

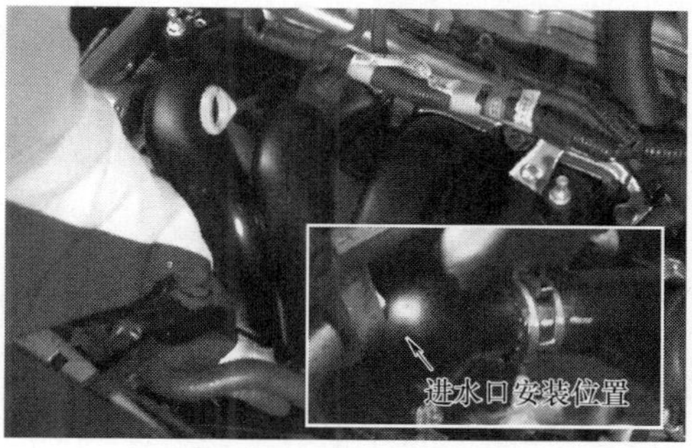

图 2-20　进水口安装位置

第二步：检查冷却系统

1. 检查冷却液

实践操作 3：检查冷却液液位

发动机在冷机状态时，发动机冷却液液位应在“LOW”和“FULL”刻度线之间。目测观察冷却液液位是否在规定范围内。

提示： 如果发动机冷却液液位低于“LOW”刻度线，检查冷却液是否泄漏，并添加“丰田超长效冷却液（SLLC）”，或类似的不含硅酸盐、胺、亚硝酸盐和硼酸盐，且采用长效复合有机酸技术制成的优质乙二烯乙二醇冷却液到 FULL 刻度线。

实践操作 4：检查冷却液是否泄漏

1）向散热器总成中注满发动机冷却液，然后连接散热器盖检测仪。

2）泵压至 108kPa，然后检查并确认压力没有降低（图 2-21）。如果压力下降，检查软管、散热器总成和水泵总成是否泄漏。如果发动机外部没有冷却液泄漏痕迹，则检查加热器芯、气缸体和气缸盖。

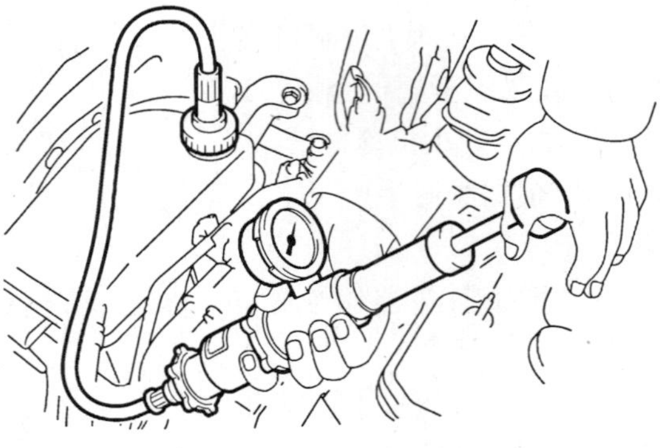

图 2-21　检查冷却系统压力

注意

为避免烫伤，不要在发动机和散热器总成仍然很烫时拆下散热器盖分总成。热膨胀会导致热的发动机冷却液和蒸汽从散热器总成中溢出。

2. 检修散热器

（1）检查储液罐盖　检查储液罐盖中的 O 形圈上是否有水垢或异物，如有，则用清水冲洗并用手擦拭。

（2）检查散热片　就车观察散热翼片是否弯曲。如果翼片合到一起，用手铺平（用螺钉旋具或钳子）校直。如果散热片阻塞，用手或蒸汽清洁器清洗并用压缩空气吹干。

实践操作 5：更换散热器

1. 拆卸散热器

1）拆卸散热器外围件。

① 拆卸散热器上空气导流板。

② 拆卸散热器格栅防护罩。

③ 拆卸前保险杠总成。

④ 拆卸发动机 1 号底罩。

⑤ 拆卸蓄电池。

⑥ 分离热敏电阻。

2）排空冷却液。

3）断开散热器储液罐软管。

① 用 10mm 套筒、棘轮扳手从散热器上支架上拆下 2 个散热器储液罐回水软管固定螺栓，并用手将软管和 2 个卡夹分开。

② 用鲤鱼钳移出储液罐出水软管锁紧卡子（图 2-22），将散热器储液罐软管从散热器总成上断开。

图 2-22　移出锁紧卡子

注意

断开的储液罐软管管口应采用塑料袋套住（或用塞子塞住），防止残液滴漏污染和异物进入软管内。

4）断开散热器进、出水软管。用鲤鱼钳移出软管的锁紧卡子，并将散热器软管从散热器总成上断开（图 2-23）。用塑料袋套住断开的软管管口。

图 2-23　断开散热器软管

注意

散热器内可能还有残留的冷却液，操作时应在软管下方放置液体收集器。

5）断开机油冷却器管（自动传动桥）。将 4 根机油冷却器管从散热器总成上断开。

6）断开发动机盖锁总成。分离发动机盖锁线束插接器（图 2-24），并断开发动机盖锁控制拉索。

图 2-24　断开发动机盖锁线束插接器

7）拆卸 2 号风扇罩。

① 断开喇叭插接器。

② 用 10mm 套筒、棘轮扳手分次拧松并拆下 4 个支架固定螺栓，取下散热器上支架。

③ 将散热器储液罐回水软管从软管卡夹上断开，用尖嘴钳将回水软管的锁紧卡子移开（图 2-25）。

④ 将散热器储液罐回水软管从散热器总成上断开。

图 2-25　移开回水软管

⑤ 用 10mm 套筒、接杆、棘轮扳手从散热器总成上拆下 2 个螺栓，并将 2 个散热器支架缓冲垫从 2 号风扇罩上拆下（图 2-26）。

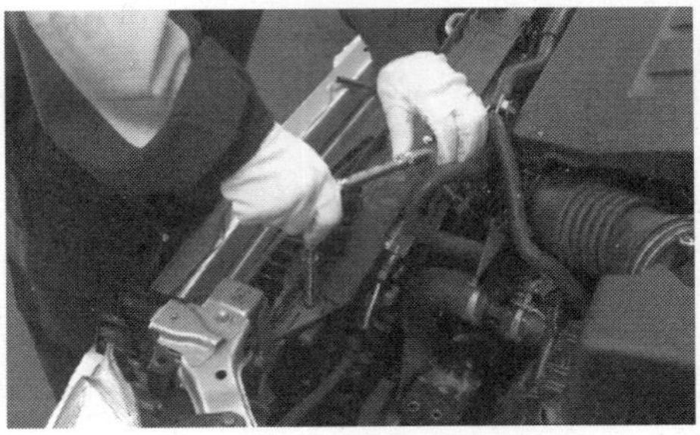

图 2-26　拆下散热器缓冲垫

⑥ 用一字螺钉旋具松开 2 个卡爪，并拆下 2 号风扇罩（图 2-27）。

图 2-27　拆下 2 号风扇罩

8）拆卸散热器总成。

① 断开冷却风扇电动机插接器和线束卡夹。将散热器总成和风扇罩一起拆下(图 2-28)。

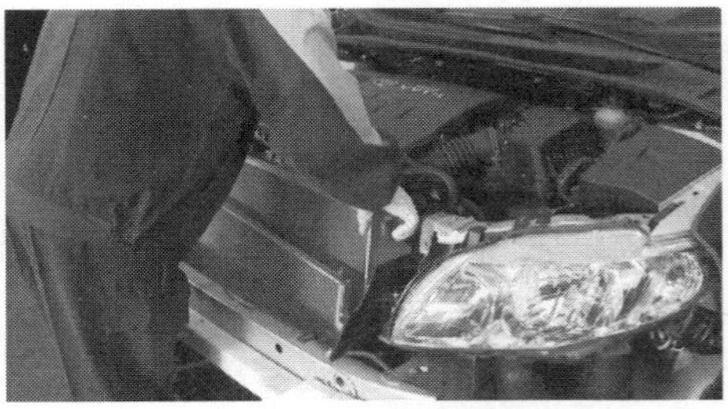

图 2-28　拆下散热器总成

注意

拆下散热器总成时，不要对冷凝器总成或冷却器管过度用力。

② 拆下 2 个散热器下支架缓冲垫。

9）拆卸风扇罩。拆下 2 个螺栓，并将风扇罩从散热器总成上拆下。

2. 安装散热器

1）安装风扇罩。将风扇罩和散热器正确组在一起（图 2-29）。用 10mm 套筒、定力矩扳手将风扇罩固定螺栓紧固至 7. 0N · m。

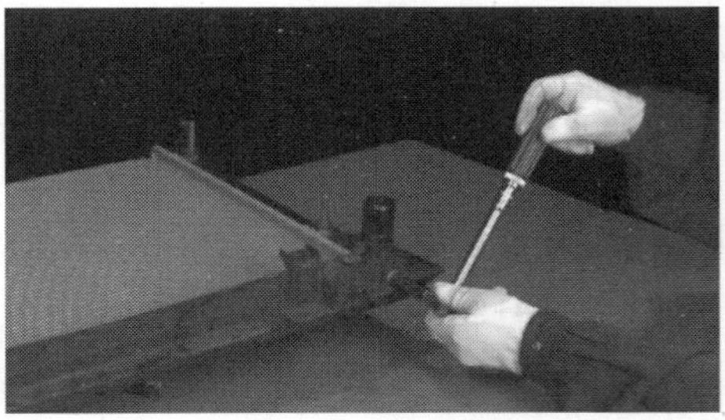

图 2-29　将风扇罩和散热器组装

2）安装散热器总成。

① 安装 2 个散热器下支架缓冲垫（图 2-30）。

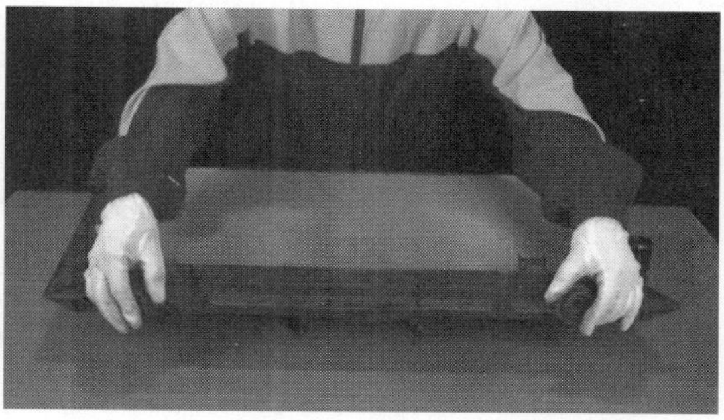

图 2-30　安装缓冲垫

② 将散热器总成和风扇罩一起安装至车上（图 2-31），确保对正安装位置。

图 2-31　将散热器总成安装到车上

3）安装 2 号风扇罩。

① 将散热器储液罐回水软管安装到软管卡夹上。

② 将散热器储液罐回水软管安装到散热器总成上。

③ 接合 2 个卡爪，并用 2 个螺栓将 2 号风扇罩安装到散热器总成上（图 2-32），安装力矩为 7.0N · m。

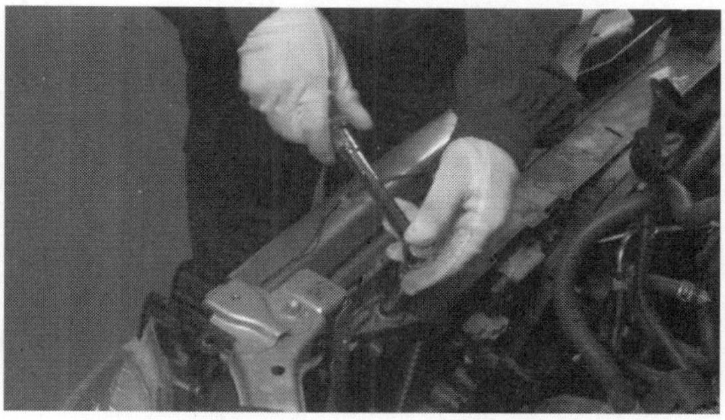

图 2-32　将 2 号风扇罩安装到散热器总成上

④ 将 2 个散热器支架缓冲垫安装到 2 号风扇罩上（图 2-33）。

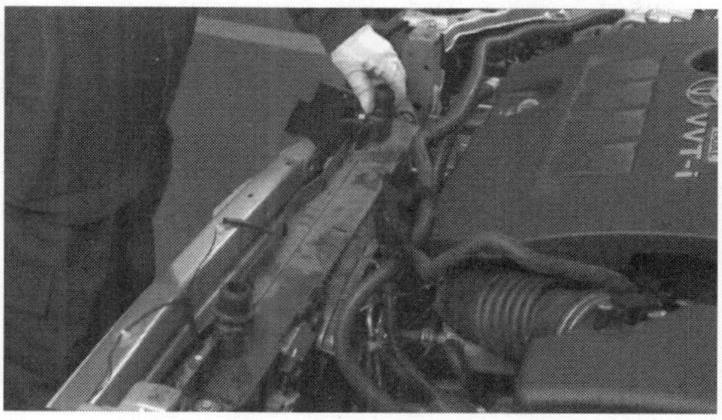

图 2-33　安装缓冲垫

⑤ 连接冷却风扇电动机插接器和线束卡夹（图 2-34）。

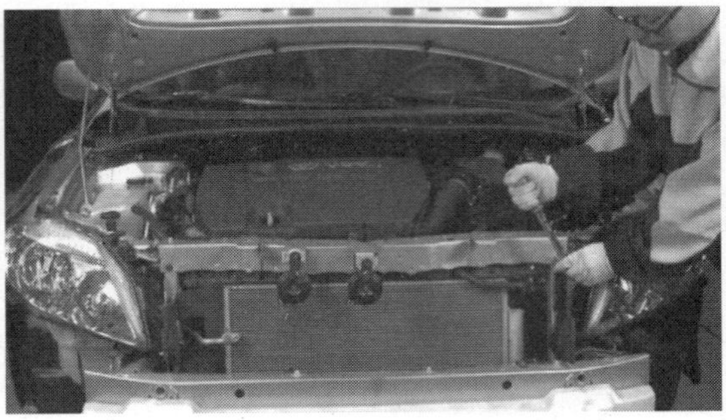

图 2-34　连接线束卡夹

⑥ 用 4 个螺栓安装散热器上支架（图 2-35），安装力矩为 13N·m。

图 2-35　安装散热器上支架

⑦ 安装喇叭插接器（图 2-36）。

图 2-36　安装喇叭插接器

4）安装发动机盖锁总成（图 2-37）。安装发动机盖锁控制拉索，并连接发动机盖锁线束插接器。

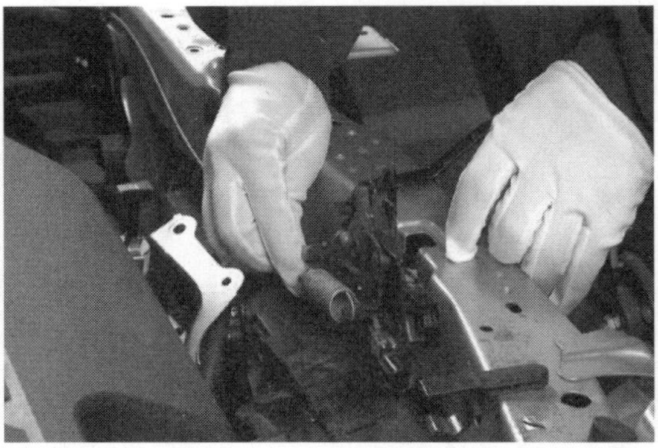

图 2-37　安装发动机盖锁总成

5）安装散热器进、出水软管（图 2-38）。用卡夹将散热器软管连接到散热器总成上。

图 2-38　安装散热器进、出水软管

注意

安装散热器软管时，如果软管内没有残留的冷却液，那么先要在安装部位涂抹一层薄薄的冷却液，然后安装软管。

6）安装机油冷却器管（自动传动桥）。将 4 根机油冷却器管连接到散热器总成上（图 2-39）。

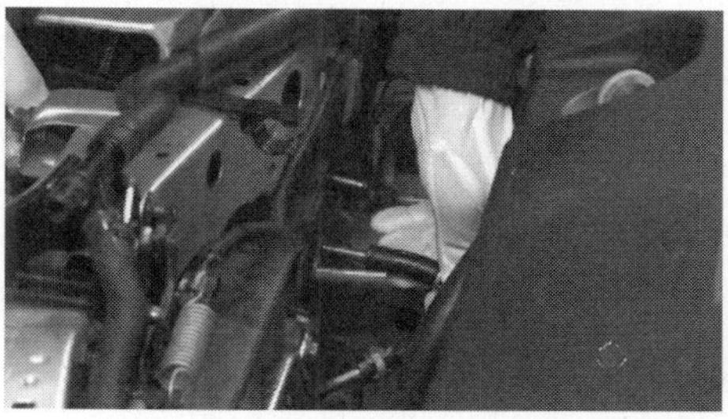

图 2-39　安装机油冷却管

7）安装散热器储液罐出水软管（图 2-40）。

① 用卡夹将散热器储液罐出水软管连接到散热器总成上。

② 用 2 个螺栓和 2 个卡夹将散热器储液罐出水软管安装到散热器上支架上，螺栓安装力矩为 5.0N·m。

图 2-40　安装储液罐出水软管

8）安装散热器外围件。

① 安装热敏电阻总成（图 2-41）。

② 安装蓄电池。

③ 添加发动机冷却液。

④ 检查冷却液是否泄漏。

⑤ 安装 1 号发动机底罩。

⑥ 安装前保险杠总成。

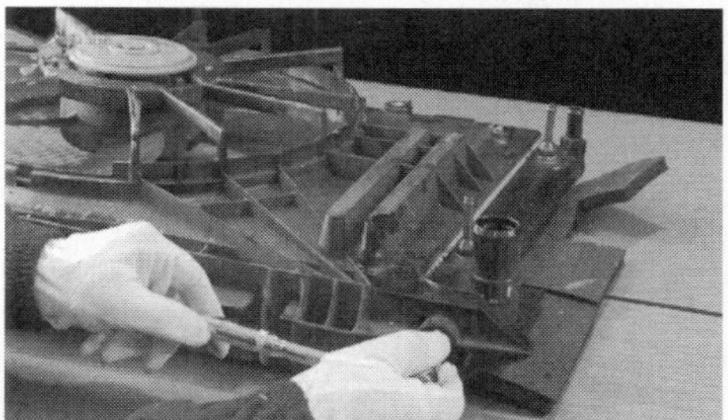

图 2-41　安装热敏电阻总成

⑦ 安装散热器格栅防护罩（图2-42）。

⑧ 安装散热器上空气导流板。

图2-42　安装散热器格栅防护罩

3. 检修冷却风扇

起动发动机，就车观察冷却风扇是否转动。如果风扇不工作，需要检查冷却风扇电路，包括检查冷却风扇ECU、连接线路、冷却风扇电动机和继电器。

（1）检查线路　检查冷却风扇ECU插接器及线束是否安装牢固，线路是否断路或搭铁，如果异常则需要更换（图2-43）。

（2）检查熔丝　将熔丝从仪表盘接线盒上拆下，目测观察熔丝是否烧断。

（3）检查冷却风扇继电器（图2-44）　从发动机室继电器盒上取下冷却风扇继电器。使用万用表检查继电器电阻。标准电阻见表2-5。

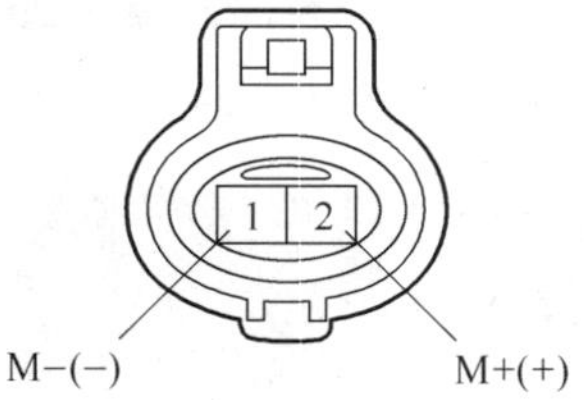

图2-43　冷却风扇插接器

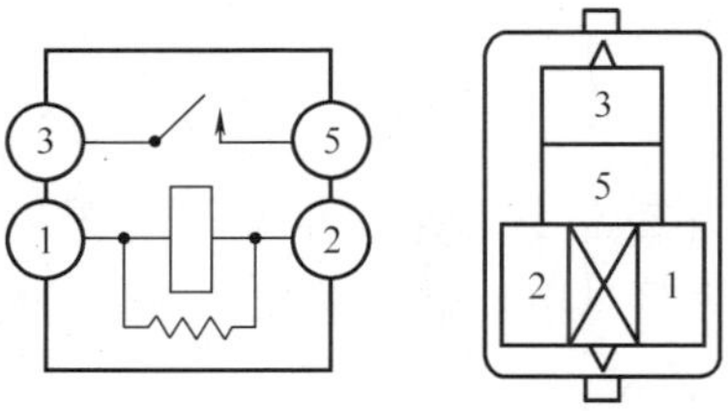

图2-44　冷却风扇继电器示意图

表2-5　标准电阻

故障诊断仪连接	条　件	规定状态
3—5	蓄电池电压施加在端子1和端子2上时	小于1Ω

如果结果不符合规定，则更换冷却风扇继电器。

（4）检查冷却风扇电动机

1）断开冷却风扇连接器。

2）将蓄电池正极端子连接至冷却风扇插接器端子2，并且将蓄电池负极端子连接至冷却风扇插接器端子1。

3）连接冷却风扇电动机插接器。如果冷却风扇电动机不工作，则更换冷却风扇电动机。

实践操作6：更换冷却风扇电动机

1. 拆卸冷却风扇电动机

1）拆卸散热器总成（参见实践操作3）。

2）拆卸冷却风扇叶片（图2-45）。用10mm套筒、接杆、棘轮扳手拆卸冷却风扇叶片固定螺母，并拆下冷却风扇叶片。

图2-45　拆卸冷却风扇叶片

3）拆卸冷却风扇电动机（图2-46）。

① 将冷却风扇翻转至另一面，从冷却风扇罩上断开插接器和2个卡夹。

② 用十字螺钉旋具拆下冷却风扇电动机的3个固定螺钉，然后拆下冷却风扇电动机。

图2-46　拆卸冷却风扇电动机

2. 安装冷却风扇电动机

1）安装冷却风扇电动机。

① 将冷却风扇罩对准电动机装配孔，用3个螺钉安装冷却风扇电动机并依次分步紧固（图2-47）。

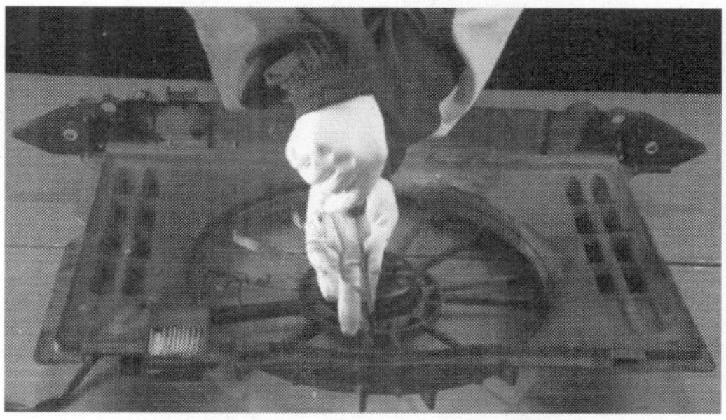

图2-47　安装冷却风扇电动机

② 将插接器和2个卡夹连接至风扇罩上（图2-48）。

图2-48　固定插接器和卡夹

2）安装冷却风扇叶片。将冷却风扇叶片中心孔的半圆部分对准电动机轴的半圆部分后推入，然后用螺母安装冷却风扇叶片（图 2-49），安装力矩为 6.3N · m。

图 2-49　安装冷却风扇叶片

注意

安装完螺母后，转动冷却风扇叶片，检查是否有卡滞、碰擦等现象。

3）安装散热器总成（参见实践操作 5）。

维修完成后，检验维修质量，并进行车辆最终检查，清洁、整理工量具，清洁、整理场地。

项目评价（见附录 A）

项目三 03

机油压力警告灯常亮

项目导入

王先生打电话到4S店售后服务部求助说他的2008款卡罗拉GL在行驶中机油压力警告灯常亮（图3-1），问该怎么办。请你回答并解决王先生的问题。

图3-1　机油压力警告灯常亮

学习目标

【技能目标】

1）能通过与客户交流、查阅相关维修技术资料等方式获取车辆信息。

2）能根据故障现象制订正确的维修计划。

3）能根据维修计划合理地组织协调维修作业。

4）能正确使用工具、量具及检测维修设备。

5）能正确选择诊断设备对机油压力警告灯常亮故障进行诊断。

6）能正确记录、分析各种检测结果并做出故障判断。
7）能按照正确操作规范进行相关部件的更换。
8）能按照维修标准对修复质量进行检查验收。
9）能对本次维修实践活动予以合理评估。
10）能根据环保要求，正确处理对环境和人体有害的废料和损坏零部件。

【知识目标】

1）掌握润滑系统的组成、功用及工作原理。
2）掌握润滑系统的润滑方式和机油滤清方式。

知识准备

1. 认识发动机润滑系统

（1）润滑系统的功用

润滑系统的功用就是在发动机工作时连续不断地把数量足够的洁净润滑油输送到全部传动件的摩擦表面，并在摩擦表面之间形成油膜，实现液体摩擦，从而减小摩擦阻力，降低功率损耗，减轻机件磨损，以达到提高发动机工作可靠性和耐久性的目的。润滑系统的具体功用可归纳为以下七个方面。

1）润滑功用。如图3-2所示，润滑油可润滑运动零件表面，实现液体摩擦，减小零件的摩擦阻力和磨损，降低发动机的摩擦功率损失。

2）清洗功用。如图3-3所示，润滑油在润滑系统内不断循环，清洗摩擦表面，带走磨屑和其他异物。

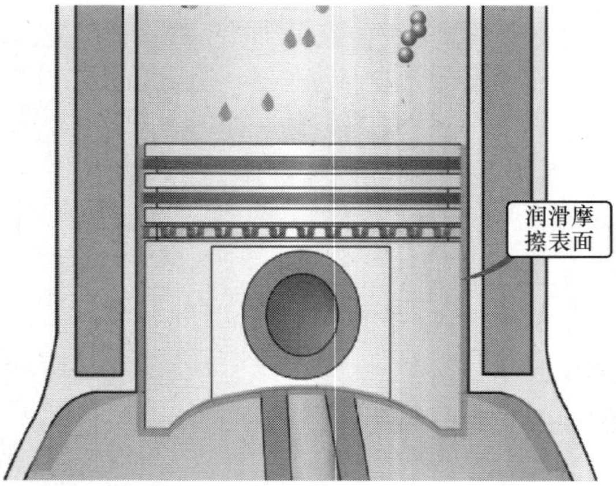

图3-2 润滑油的润滑作用示意图

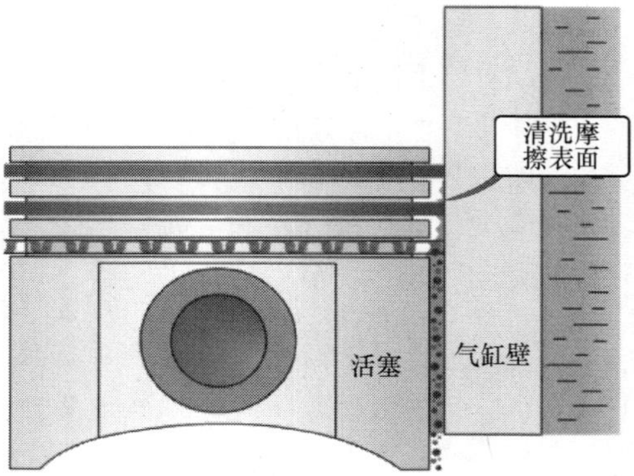

图3-3 润滑油的清洗功用示意图

3）冷却功用。如图 3-4 所示，机油在润滑系内循环带走零件摩擦产生的热量，起到冷却作用，使零件温度不致过高。

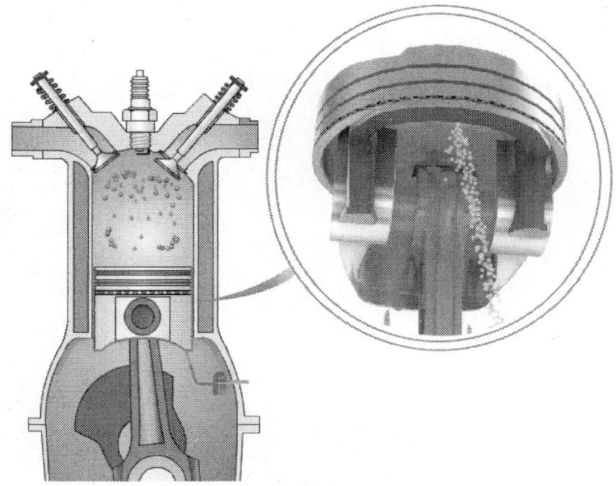

图 3-4　润滑油的冷却作用示意图

4）密封功用。如图 3-5 所示，润滑油会在运动零件之间形成油膜，提高它们的密封性，有利于防止漏气或漏油。

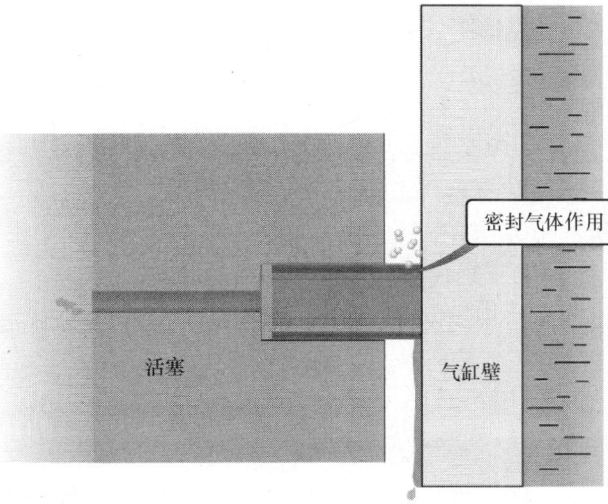

图 3-5　润滑油的密封作用示意图

5）防锈蚀功用。在零件表面形成油膜，对零件表面起保护作用，防止零件与水分、空气及燃气接触而发生氧化和锈蚀。

6）液压功用。润滑油可用作液压油，起液压作用，如液压挺柱。

7）减振缓冲功用。在运动零件表面形成油膜，利用润滑油膜的不可压缩性，缓解配合件之间的冲击并减小振动，起减振缓冲作用。

（2）润滑方式

1）压力润滑。如图 3-6 所示，利用机油泵，将具有一定压力的润滑油源源不断地送往摩擦表面的间隙中。压力润滑主要应用于负荷大，运动速度高的零件。例如，曲轴主轴承、连杆轴承及凸轮轴轴承、摇臂等处形成油膜以保证润滑。

2）飞溅润滑。如图 3-7 所示，利用发动机工作时运动零件飞溅起来的油滴或油雾来润滑摩擦表面的润滑方式称为飞溅润滑。飞溅润滑主要应用于裸露在外面承受载荷较轻的零件（例如气缸壁），相对滑动速度较小的零件（例如活塞销以及配气机构的凸轮表面、挺柱等）得到润滑。

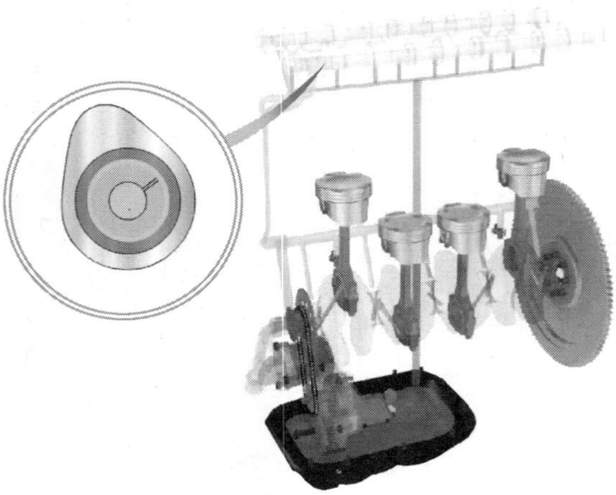

图 3-6　压力润滑示意图

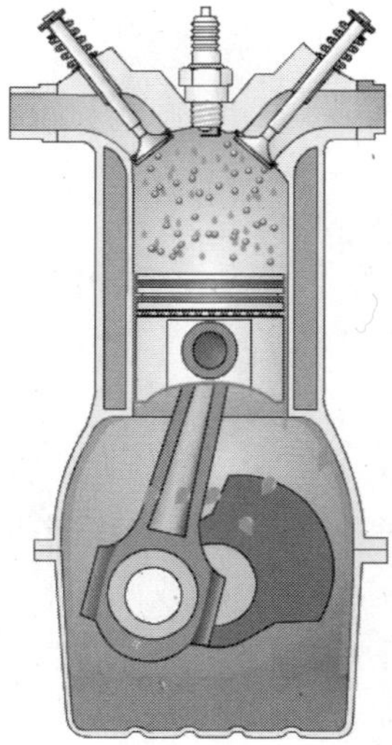

图 3-7　飞溅润滑示意图

3）定期润滑（不属于润滑系统）。对于负荷较小的发动机辅助装置则只需定期、定量加注润滑油进行润滑。此类润滑方式主要应用于辅助机件，例如水泵、发电机轴承与汽车底盘等。定期润滑不属于润滑系统的工作范畴。近年来，在发动机上采用含有耐磨润滑材料（如尼龙、二硫化钼等）的轴承来代替加注润滑油的轴承。

一般的汽车发动机都同时采用两种以上的润滑方式，称为复合式润滑。

故障分析

只有正常的机油压力才能保证将机油输送到发动机所有的摩擦件表面，当机油灯报警时应立即停机查找原因，待排除故障后方可继续工作。

首先我们应该知道机油压力警告灯的形状，并清楚机油压力警告灯什么时候亮属于正常，什么时候亮属于故障。

当点火钥匙置于“ON”位置时机油压力警告灯亮，起动发动机后机油压力警告灯熄灭，这种情况下属于正常。

在起动发动机后或车辆行驶中警告灯持续亮的状态，这种情况就属于故障。

机油压力警告灯常亮时，故障原因可能是：①润滑系统故障。②机油压力开关及其线路故障。首先要判断故障区域，拆卸机油压力开关，装上机械式机油表，测主油道机油压力，主油道压力一般保持在 0.2 ~ 0.5MPa，如果压力正常，则说明故障在信号系统，如果压力异常，则说明故障在润滑系统机械部分。

1. 润滑系统故障分析

润滑系统中，机油压力低是引起机油压力警告灯亮的直接因素。造成机油压力低的原因主要有：

1）机油不足，机油变质或机油泄漏。

2）机油泵故障。

3）机油滤清器脏污等。

2. 机油压力开关及其线路故障分析

机油压力开关出现故障，则会给出错误的信号致使机油压力警告灯常亮，若机油压力开关出现故障则应进行更换。线路短路，也会导致机油压力警告灯亮起。

实施路径

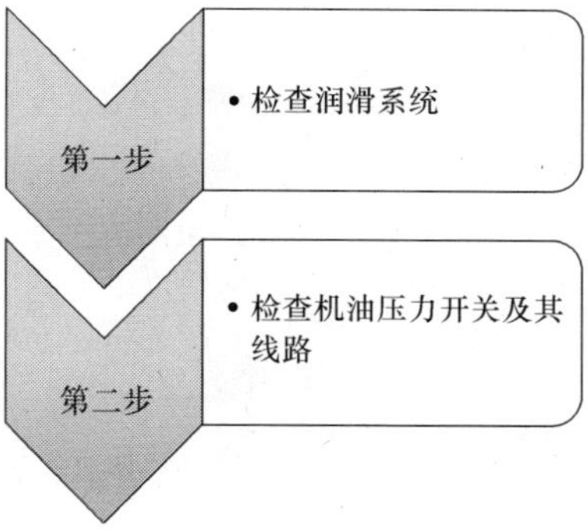

实施方案

1）课时建议：10 学时（按实际维修工时要求）。

2）教学环境：理实一体化教学实训中心。

3）质量要求：参照厂家的质量标准要求。

4）组织方式：学生自由组合，每 4 ~6 位同学为一组。

5）生产准备，每组配备的工具及设备：

① 场地：装有废气抽排系统和消防设施的实训维修车间。

② 举升机、安全支座、套装常用工具。

③ 卡罗拉轿车、维修作业台等。

④ 仪器：故障诊断仪、万用表。

⑤ 耗材：清洁布、清洗液等。

6）实训作业要求（见附录 B）。

实施步骤

在进行故障诊断与维修之前，首先尝试起动发动机，仔细观察车辆状况，确认故障现象。根据故障特征初步判断可能发生的故障区域。

第一步：检查润滑系统

1. 检查机油

实践操作1：检查机油油位和机油质量

1. 检查机油油位

1）使发动机暖机，然后停机并等待5min。

2）检查并确认发动机机油油位在油位计的低油位和满油位标记之间。

注意

① 如果机油油位过低，检查是否漏油并加注机油至标尺满油位标记处。

② 加注不要超过满油位标记。

2. 检查机油质量

检查机油是否变质、变色或变稀，以及油中是否混水。如机油质量明显不佳，更换机油和机油滤清器（参考本项目实践操作5）。

实践操作2：检查机油是否泄漏

1. 检查发动机上部表面机油渗漏情况

1）取下发动机盖罩。

2）目视检查发动机上部表面机油渗漏情况。目视检查发动机盖罩表面，气缸盖罩衬垫周边，正时链条上部，机油加注口及盖处，凸轮轴正时机油控制阀处，凸轮轴位置传感器处，有无机油渗漏。

3）提高发动机转速，运行一段时间后，关闭发动机。

4）使用试纸检查发动机上部表面机油渗漏情况（图3-8）。用干净的试纸擦拭发动机盖罩表面，气缸盖罩衬垫周边，正时链条上部，机油加注口及盖处，凸轮轴正时机油控制阀处，凸轮轴位置传感器处。若试纸上有油渍，说明该处渗漏。

图3-8 用试纸检查发动机上部机油渗漏情况

注意

手上接触废机油时，要及时用肥皂水清洗，检查过程中应始终佩戴保护手套，检查时，注意不要被烫伤。

2. 检查发动机下部表面机油渗漏情况

1）根据举升机的操作规范，举升车辆至合适高度。

2）目视检查发动机下部表面机油渗漏情况（图 3-9）。用干净的纸巾擦拭发动机缸体表面，机油压力传感器处，机油滤清器处，油底壳表面，油底壳密封衬垫处，油底壳放油螺栓处，油尺管在油底壳安装处等是否渗漏。

3）根据举升机操作规范降下车辆。

4）安装发动机罩盖。

图 3-9　目视检查发动机下部机油渗漏情况

2. 检查机油泵

实践操作 3：检查与更换机油泵

1. 拆卸机油泵

1）拆卸发动机附件。

2）拆卸发动机气缸盖。

3）拆卸机油泵链条（图 3-10）。

① 暂时紧固曲轴带轮。

图 3-10　拆卸机油泵链条

② 顺时针转动曲轴 90°以便将机油泵主动轴链轮的调节孔对准机油泵槽口（图 3-11）。

图 3-11　调节孔对准机油泵槽口

注意

曲轴旋转不要超过90°。如果曲轴转动过多且没有安装正时链条，气门可能会碰撞到活塞并造成损坏。

③ 将一个直径为4mm的杆插入机油泵主动轴链轮的调节孔以便将齿轮锁定就位（图3-12）。

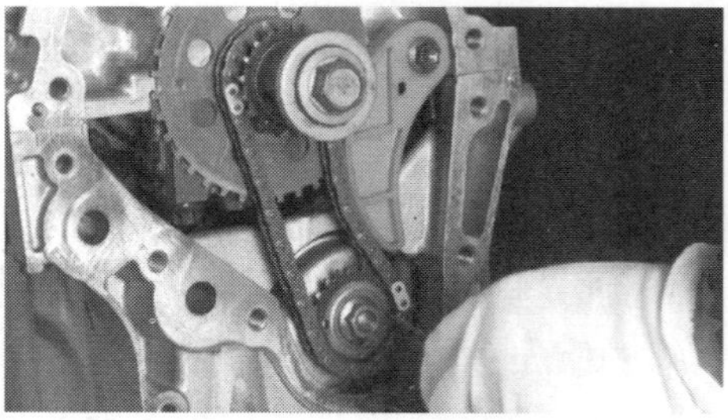

图3-12　将机油泵主动齿轮锁定就位

④ 使用12mm套筒、接杆、棘轮扳手拆下机油泵主动轴链轮螺母（图3-13）。

⑤ 使用10mm套筒、接杆拆下机油泵链条张紧器固定螺栓、链条张紧器盖板和弹簧。

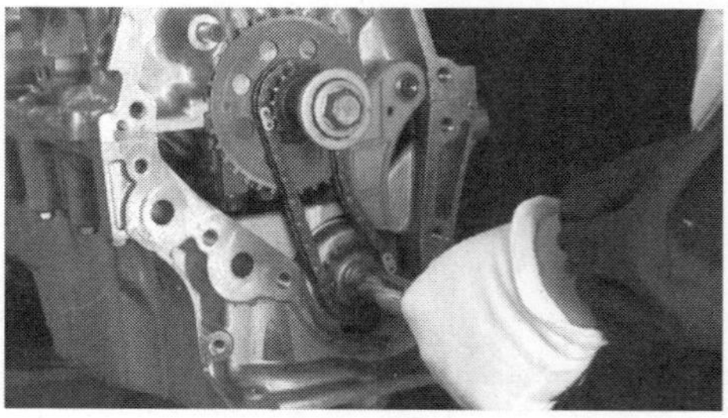

图3-13　拆下机油泵主动链轮螺母

⑥ 取下曲轴正时链轮（图3-14）。

⑦ 取下机油泵主动轴齿轮和机油泵链条。

图3-14　取下曲轴正时链轮

4）拆卸曲轴位置信号盘（图3-15）。

5）拆卸油底壳。

图3-15　拆卸曲轴位置信号盘

6）拆卸机油泵。使用 10mm 套筒、接杆、棘轮扳手拆下 3 个机油泵固定螺栓，然后拆下机油泵（图 3-16）。

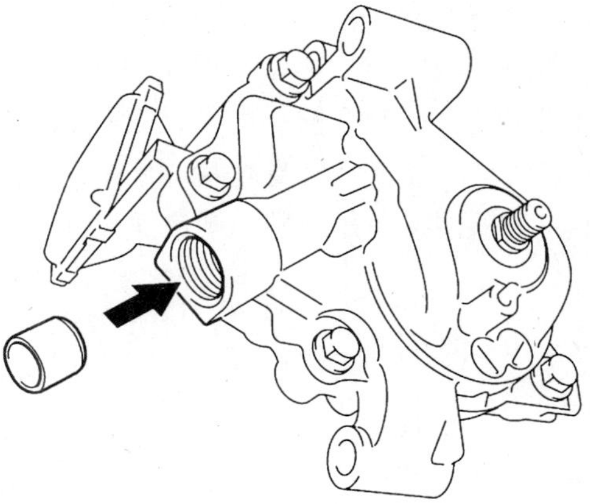

图 3-16　拆下机油泵

取下机油泵时需拿稳，以防砸落伤人或损坏部件。

7）拆卸机油泵减压阀（图 3-17）。

① 用 27mm 套筒扳手拆下螺塞。

② 拆下弹簧和机油泵减压阀。

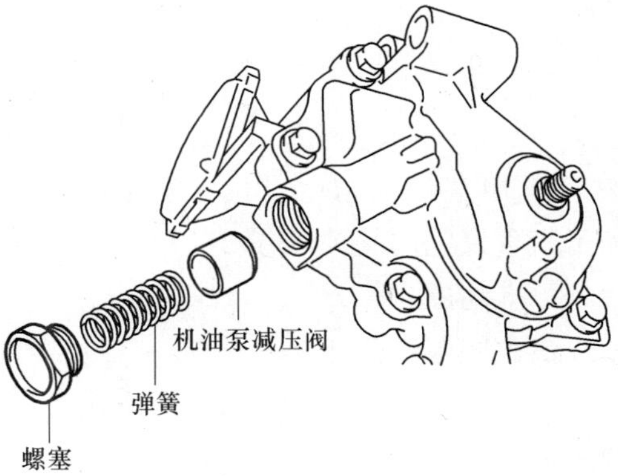

图 3-17　拆卸机油泵减压阀

8）拆卸机油泵盖分总成（图 3-18）。

① 拆下 5 个螺栓和机油泵盖。

② 从机油泵上拆下机油泵主动转子和从动转子。

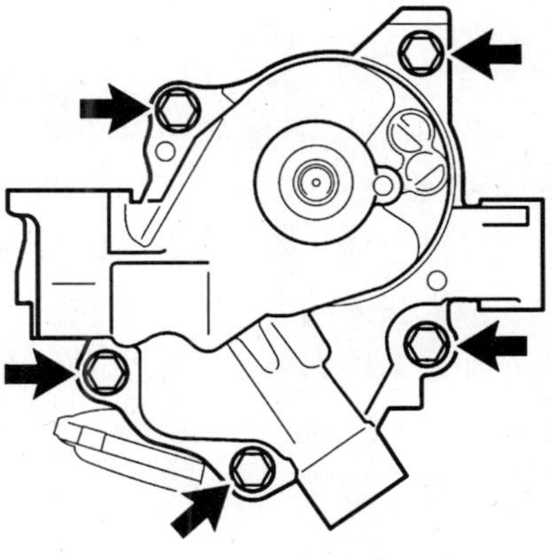

图 3-18　拆卸机油泵盖分总成

2. 检查机油泵

1）检查机油泵压力阀（图 3-19）。在机油泵压力阀上涂抹一层发动机机油，检查并确认该阀能依靠自身重量顺畅地滑入阀孔中。如果情况不是这样，则更换机油泵。

图 3-19　检查机油泵压力阀

2）检查机油泵转子（图 3-20）。

① 用塞尺测量主动转子和从动转子的顶部间隙。

标准顶部间隙：0.08～0.160mm。最大顶部间隙：0.35mm。

如果顶部间隙大于最大值，则应更换机油泵。

图 3-20　检查机油泵转子

② 用塞尺和精密直尺，测量 2 个转子和精密直尺间的间隙（图 3-21）。

标准间隙：0.030～0.080mm。

最大间隙：0.16mm。

如果间隙大于最大值，则应更换机油泵。

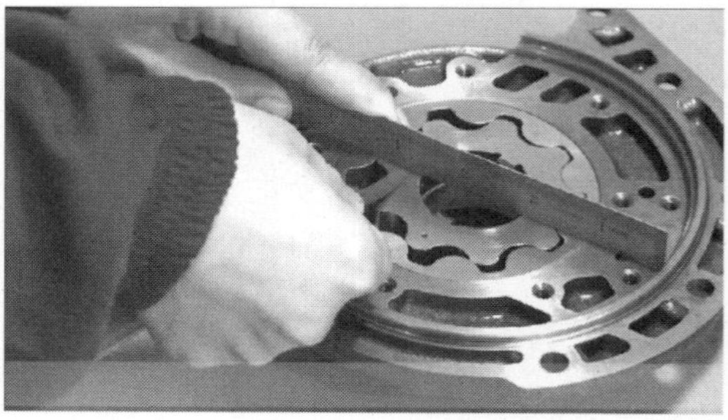

图 3-21　用塞尺和精密直尺测间隙

③ 用塞尺测量从动转子和机油泵体间的间隙（图 3-22）。

标准泵体间隙：0.12～0.19mm。

最大泵体间隙：0.325mm。

如果泵体间隙大于最大值，则应更换机油泵。

图 3-22　用塞尺测转子和泵体之间间隙

3. 安装机油泵

1）安装机油泵（图 3-23）。使用 10mm 套筒、接杆、扭力扳手紧固 3 个机油泵固定螺栓，安装力矩为 21N · m。

图 3-23　安装机油泵

2）安装油底壳（图 3-24）。

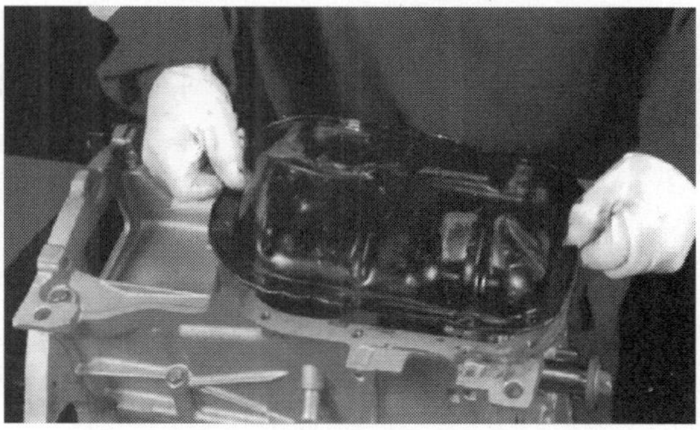

图 3-24　安装油底壳

3）安装曲轴位置信号盘（图 3-25）。安装信号盘，使“F”标记朝前。

4）安装机油泵链条。

① 安装曲轴带轮固定螺栓。转动曲轴，使曲轴安装键垂直向上。

图 3-25　安装曲轴信号盘

② 转动机油泵驱动轴（图 3-26），使驱动轴切口朝向右水平位置。

③ 调整机油泵链条，使黄色链条标记对准每个齿轮的正时标记。

④ 安装机油泵链轮、曲轴链轮和机油泵链条。

⑤ 安装机油泵链轮固定螺母。

⑥ 将减振弹簧插入到调节孔，使用 10mm 套筒、接杆、棘轮扳手旋紧链条张紧器固定螺栓。

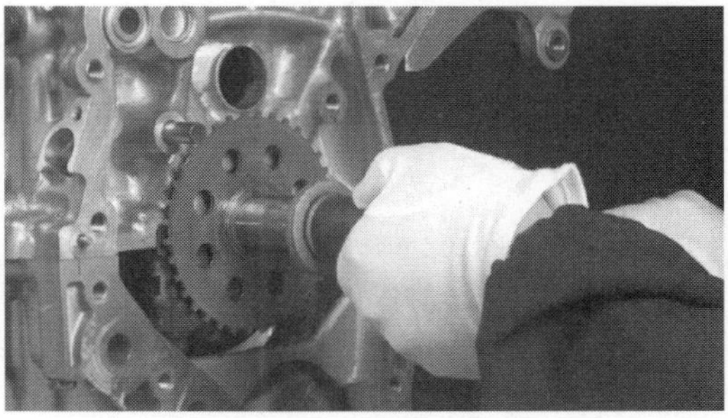

图 3-26　转动机油泵驱动轴

⑦ 组合 10mm 套筒、接杆、扭力扳手，紧固链条张紧器固定螺栓（图 3-27），力矩为 10N · m。

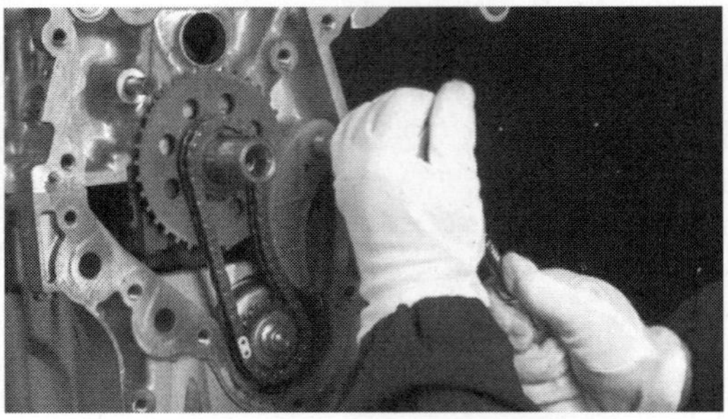

图 3-27　紧固张紧器螺栓

⑧ 安装曲轴带轮固定螺栓，转动曲轴，将机油泵主动轴链轮的调节孔对准机油泵槽（图 3-28）。

图 3-28　调节孔对准机油泵槽

⑨ 将一个直径为 4mm 的杆插入机油泵主动轴齿轮的调节孔以便将齿轮锁定就位，然后使用 12mm 套筒、接杆、扭力扳手紧固机油泵主动轴齿轮固定螺母（图 3-29），力矩为 28N · m。

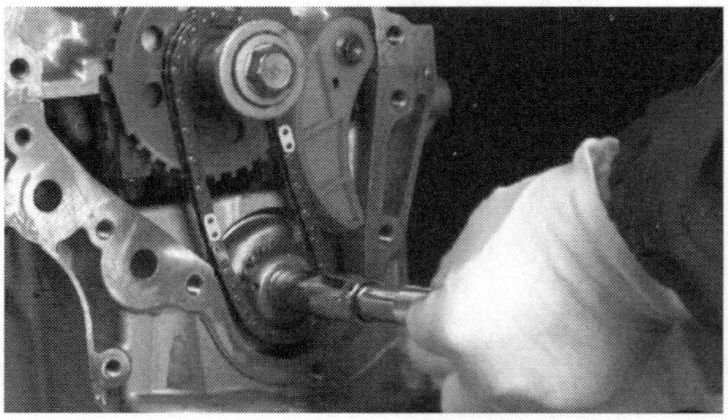

图 3-29　紧固机油泵主动齿轮固定螺母

5）安装曲轴正时链轮（图 3-30）。

图 3-30　安装曲轴正时链轮

6）安装气缸盖（图 3-31）。

7）安装发动机附件。

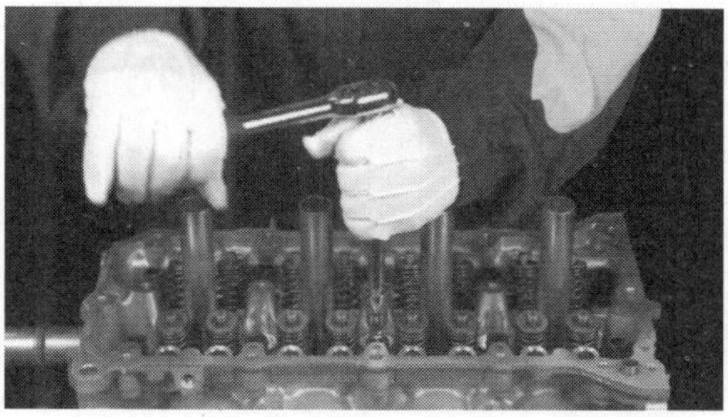

图 3-31　安装气缸盖

3. 更换机油滤清器

机油在对发动机进行润滑的时候，要经过机油滤清器才能到达工作部位，因机油中含有各种杂质，所以会对机油滤清器造成脏堵，如果不及时清理则会直接影响到机油对发动机的润滑效果。在车辆的日常行驶过程中，因环境和工况的不同，车辆也应该定期更换机油滤清器。

实践操作 4：更换机油滤清器

1. 拆卸机油滤清器

（1）排空发动机机油

1）拆下机油加注口盖（图 3-32）。

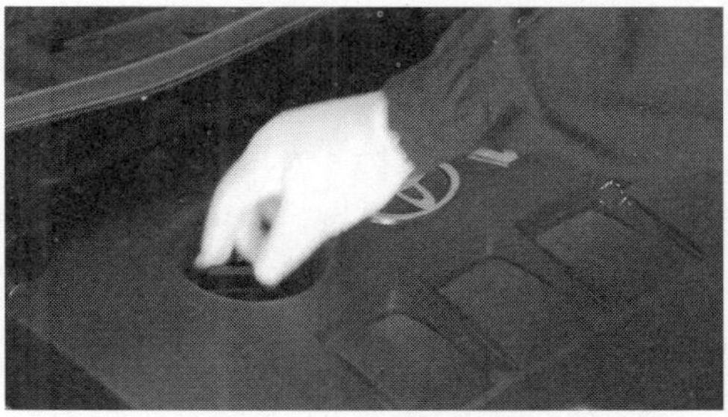

图 3-32　拆下机油加注口盖

2）使用套筒、棘轮扳手拧松放油螺塞，在放油螺塞正下方放置机油收集容器，再用手轻旋下放油螺塞，将机油排放到放置的机油收集容器中（图 3-33）。

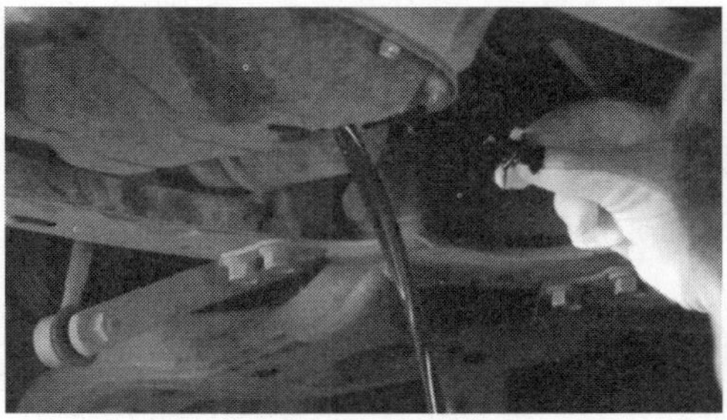

图 3-33　排放机油

注意

① 排放时，注意机油不要流到手上，以免烫伤手。

② 废机油中有多种有害物质，不要长时间接触。

3）清洗放油螺塞，并更换新衬垫加以安装（图3-34），安装力矩为37N·m。

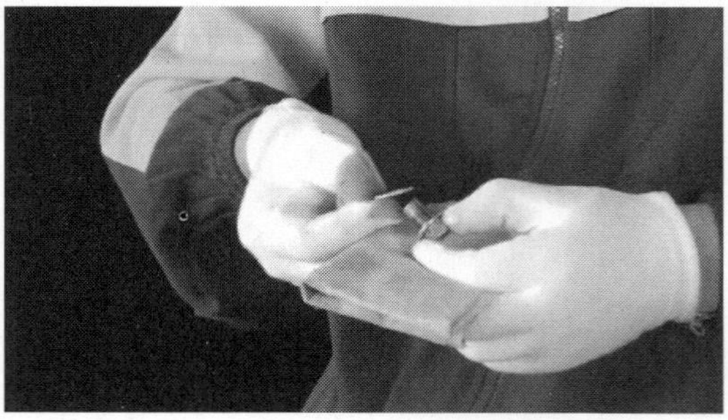

图3-34　更换放油螺栓衬垫

注意

① 检查衬垫是否被同时取下，如果没有，检查是否还粘在螺纹孔处。

② 要遵循原厂规定安装新衬垫。

4）清洁放油螺塞处油污（图3-35）。

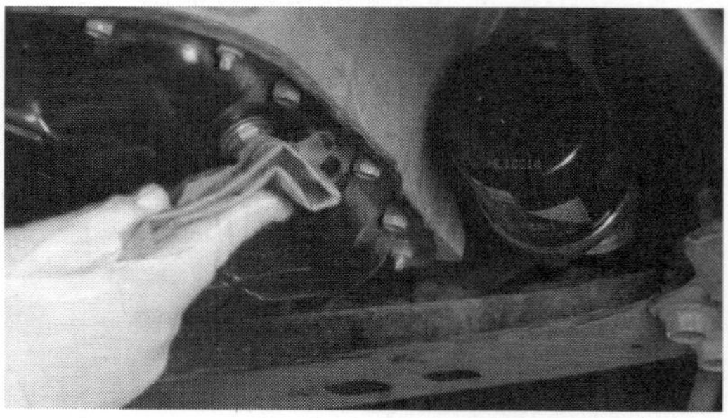

图3-35　清洁放油螺塞处油污

（2）拆卸机油滤清器分总成

用棘轮扳手和机油滤清器专用工具拆卸机油滤清器分总成（图3-36）。

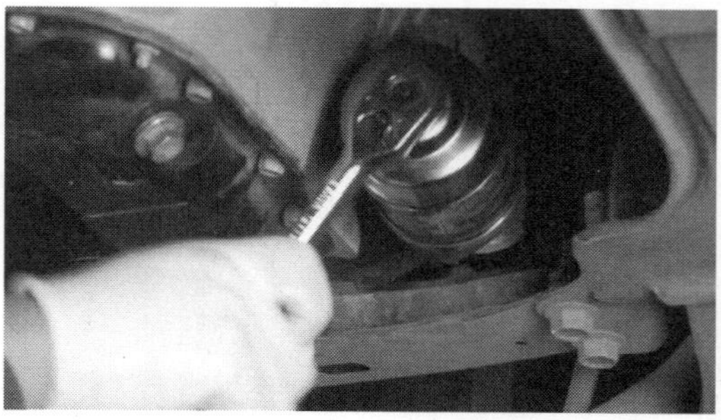

图3-36　拆卸机油滤清器分总成

注意

① 拆卸机油滤清器时，必须佩戴防护手套。

② 操作时，注意机油不要流到手上，以免烫伤。

2. 安装机油滤清器

（1）安装机油滤清器分总成

1）检查并清洗机油滤清器的安装面（图 3-37）。

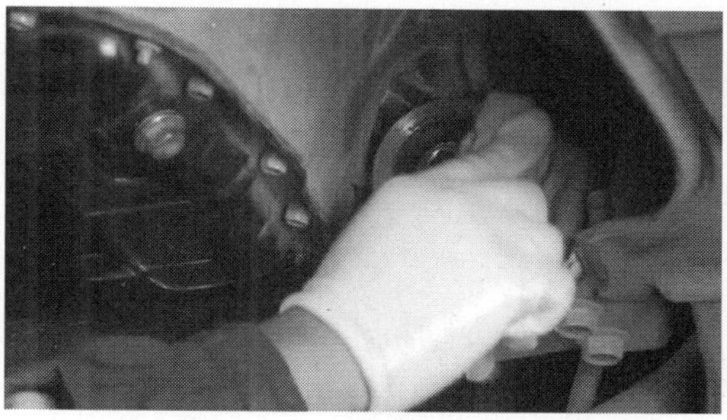

图 3-37　检查并清洗机油滤清器安装面

注意

要仔细将残留在机油滤清器座上的机油擦拭干净。

2）在新机油滤清器衬垫上涂抹一层干净的发动机机油。

注意

更换新的机油滤清器前，要注意检查是否存在损坏变形。

3）用手将机油滤清器轻轻地旋到位并拧紧（图 3-38），直到衬垫开始接触机油滤清器底座。

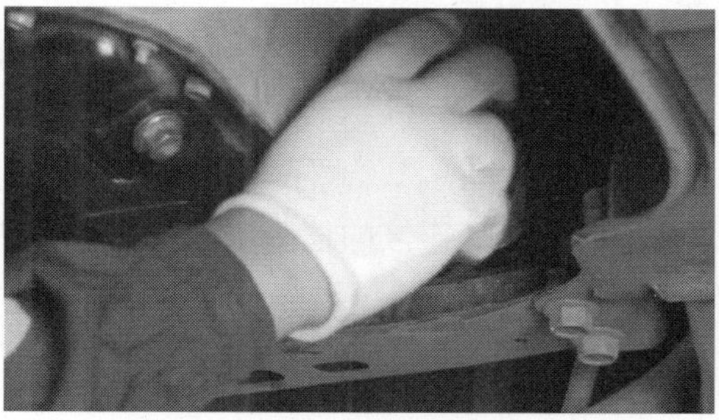

图 3-38　用手将滤清器旋到位并拧紧

4）使用定力矩扳手和机油滤清器专用工具紧固机油滤清器（图 3-39），力矩为 18N · m。

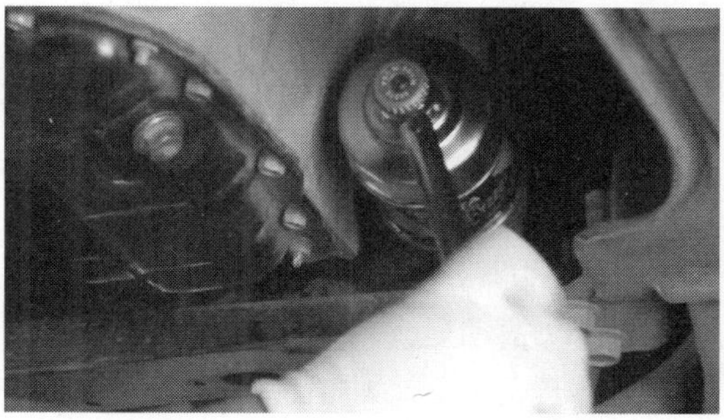

图 3-39　用工具紧固滤清器

注意

① 安装好机油滤清器之后，要注意清洁其表面。
② 要对机油收集容器中的机油进行环保处理。

（2）添加发动机机油　添加新的发动机机油（图3-40）并安装机油加注口盖。

图3-40　添加发动机机油

注意

按原厂规定加注4.2L机油。

（3）检查机油是否泄漏

1）发动车辆，汽车空档状态下轻踩加速踏板。

2）用干净的抹布擦拭放油螺塞和机油滤清器与发动机连接的缝隙处，看是否存在机油泄漏现象（图3-41）。

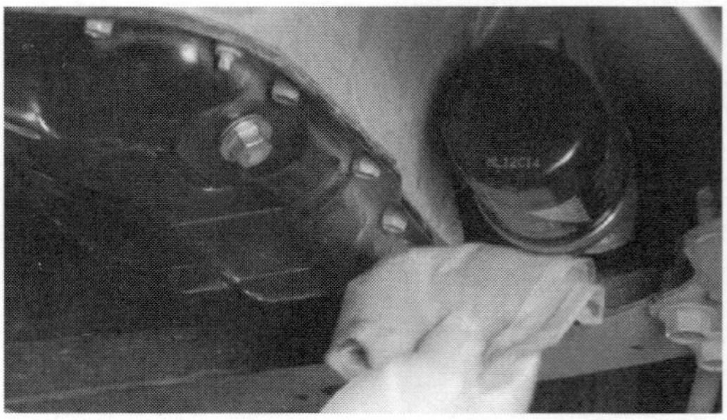

图3-41　用干净布检查是否有泄漏现象

第二步：检查机油压力开关及其线路

1. 检查机油压力开关

1）断开机油压力开关插接器。
2）起动发动机。
3）根据表3-1中的值测量电阻。
4）重新连接机油压力开关插接器。
如果结果不符合规定，则更换机油压力开关总成，更换方法参考本项目实践操作6。

表 3-1　标准电阻值

故障诊断仪连接	条　件	规定状态
B6-1—开关壳体	怠速运转时	10kΩ 或更大
B6-1—开关壳体	发动机停止	小于 1Ω

实践操作 5：更换机油压力开关

1. 拆卸机油压力开关

1）拆卸右前轮。

2）拆卸发动机机油压力开关总成。

① 断开机油压力开关插接器。

② 用 24mm 长套筒扳手，拆下机油压力开关（图 3-42）。

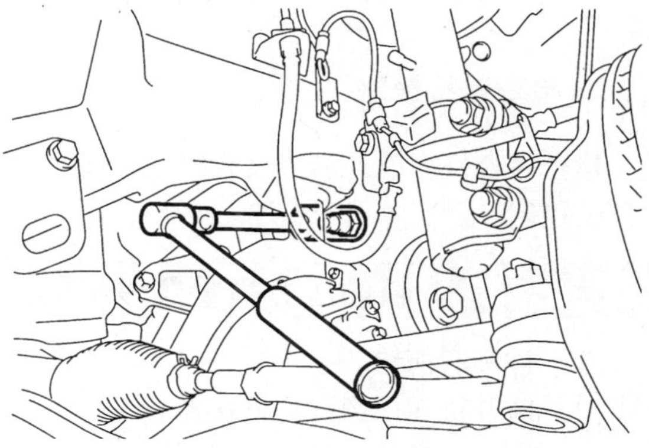

图 3-42　拆卸机油压力开关

2. 安装机油压力开关

1）在机油压力开关的 2 或 3 个螺纹上涂抹粘合剂（图 3-43）。

粘合剂：丰田原厂粘合剂 1344、Three Bond 1344 或同等产品。

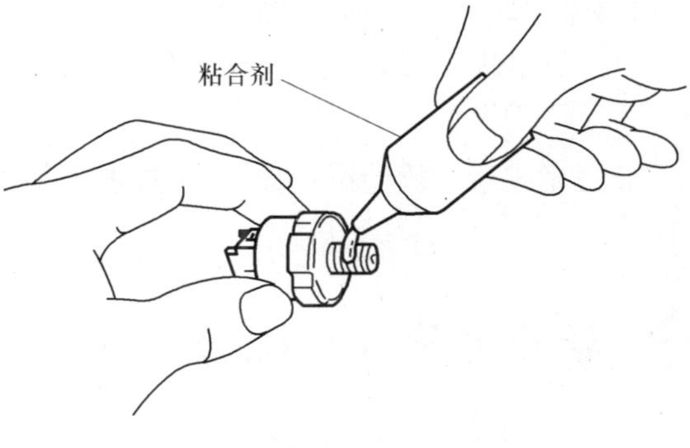

图 3-43　涂抹粘合剂

2）用 24 mm 长套筒扳手，安装机油压力开关（图 3-44）。力矩为 15N · m。

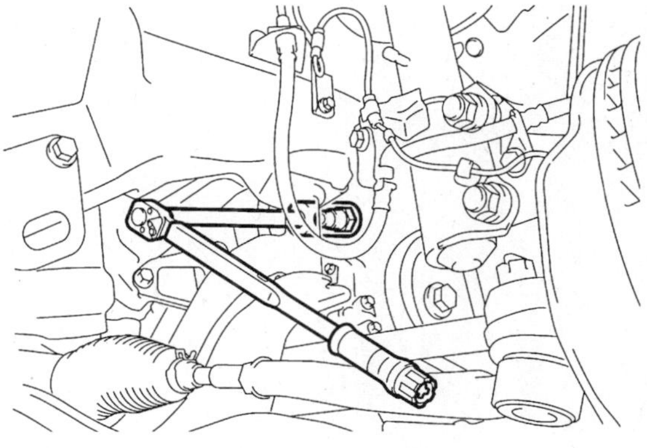

图 3-44　安装机油压力开关

注意

安装后至少 1h 不要起动发动机。

3）连接机油压力开关插接器。

4）安装右前轮。力矩为 103N · m。

2. 检查连接线路

检查组合仪表以外的连接线路是否连接正常。汽车仪表板中的机油压力警告灯受机油压力开关控制。

实践操作 6：	机油压力报警器线路的检查

1）拆卸右前轮。

2）断开机油压力开关插接器。

3）把点火开关打到“ON”档。

4）拔掉机油压力开关插接器，观看仪表板中的机油压力警告灯是否亮起。如果亮，说明线路短路；熄灭则说明线路良好。

5）安装右前轮，力矩为 103N · m。

维修完成后，检验维修质量，并进行车辆最终检查，清洁、整理工量具，清洁、整理场地。

项目评价（见附录 A）

04

项目四

起动机不运转

项目导入

维修车间有一辆卡罗拉故障车，打开点火钥匙，起动车辆时，车子无反应，听不到任何起动声音。反复几次起动，故障依旧（图4-1）。请根据故障特征检查并维修该车。

图4-1 起动机不运转故障

学习目标

【技能目标】

1）能通过与客户交流、查阅相关维修技术资料等方式获取车辆信息。

2）能根据故障现象制订正确的维修计划。

3）能根据维修计划合理地组织协调维修作业。

4）能正确使用工具、量具及检测维修设备。

5）能正确选择检测设备对起动系统故障故障进行诊断。
6）能正确记录、分析各种检测结果并做出故障判断。
7）能按照正确操作规范进行相关部件的更换。
8）能按照维修标准对修复质量进行检查验收。
9）能对本次维修实践活动予以合理评估。
10）能根据环保要求，正确处理对环境和人体有害的废料和损坏的零部件。

【知识目标】
1）掌握起动系统的组成、功用及工作原理。
2）掌握继电器的结构、功用及工作原理。

知识准备

1. 认识起动系统

（1）起动系统的组成及功用

要使发动机由静止状态过渡到工作状态，必须先用外力转动发动机的曲轴，使活塞作往复运动，气缸内的可燃混合气燃烧膨胀做功，推动活塞向下运动使曲轴旋转，发动机才能自行运转，工作循环才能自动进行。因此，曲轴在外力作用下开始转动到发动机开始自动地怠速运转的全过程，称为发动机的起动；而完成起动过程所需的装置，就称为发动机的起动系统。

汽车发动机起动系统由蓄电池、点火开关、起动继电器、起动机等组成（图4-2）。起动系统的功用是通过起动机将蓄电池的电能转换成机械能，起动发动机运转。

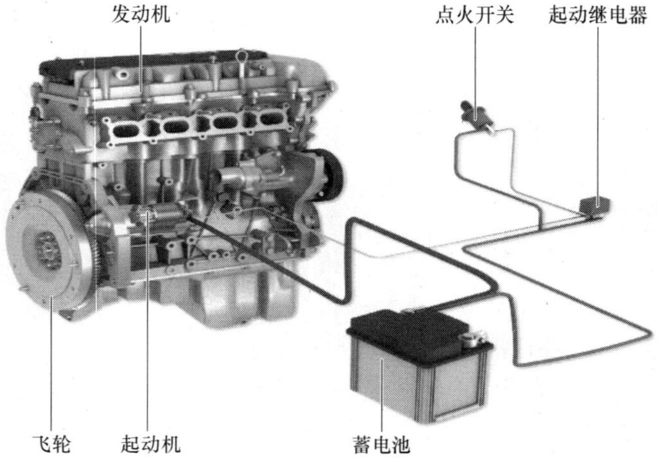

图4-2　汽车发动机起动系统组成

（2）起动系统的电路原理

当点火开关处于“ST”位置时，起动机电磁开关中的吸引线圈和保持线圈同时通电，两个线圈产生的磁场力吸引铁心移动，带动拨叉使小齿轮移出与飞轮齿圈啮合。当铁心移动到使接触片闭合位置时，吸引线圈被短路，失去作用；保持线圈所产生的磁力继续保持铁心位置。图 4-3 所示为发动机起动系统电路原理。

当点火开关回到“ON”位时，电路被断开，在回位弹簧作用下，铁心复位，小齿轮移出且停止转动，起动机停止工作。

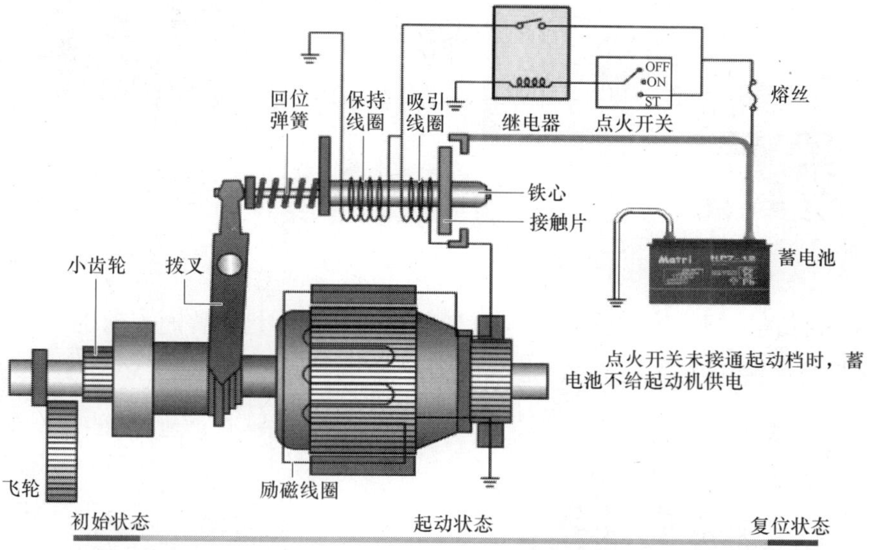

图 4-3　发动机起动系统电路原理

（3）蓄电池的结构与功用

蓄电池由正极板、负极板、隔板、电解液、电池盖板、加液孔塞和电池外壳组成。其作用是：在起动发动机期间，它供电给起动机；当发动机停止运转或低怠速运转的时候，由它给汽车用电设备供电；当出现用电需求超过充电系统输出时，这段有限的时间内，由它提供电流；它起到了整车电气系统的电压稳定器的作用；充电时将电能转化为化学能储存，放电时将化学能转化为电能释放。

常用的车用蓄电池主要分为三类：普通蓄电池、干荷蓄电池和免维护蓄电池。

以卡罗拉轿车为例，目前车上主要应用的蓄电池为普通蓄电池，其结构如图 4-4 所示。

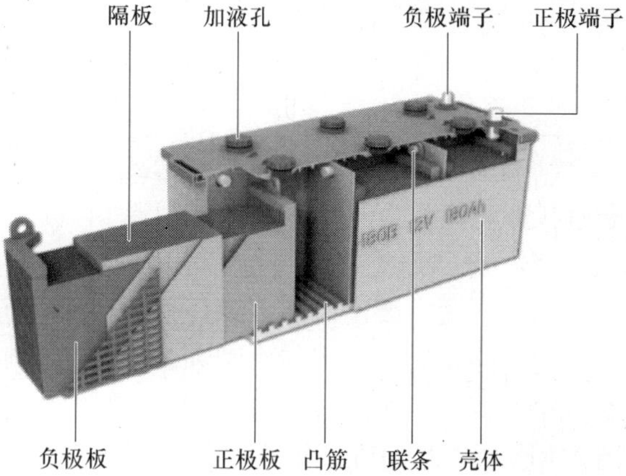

图 4-4　普通蓄电池的结构

（4）起动机的结构与功用

起动机又称马达，它将蓄电池的电能转化为机械能，驱动发动机飞轮旋转实现发动机的起动。图 4-5 所示为起动机安装位置。

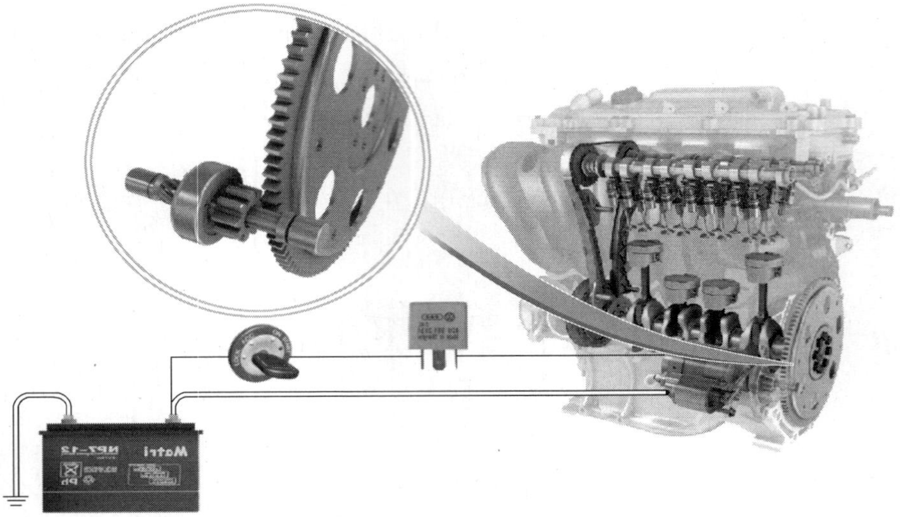

图 4-5 起动机安装位置

起动机主要由电磁开关、电枢、驱动齿轮等组成。起动机有普通起动机、减速起动机两种。其结构如图 4-6 所示。

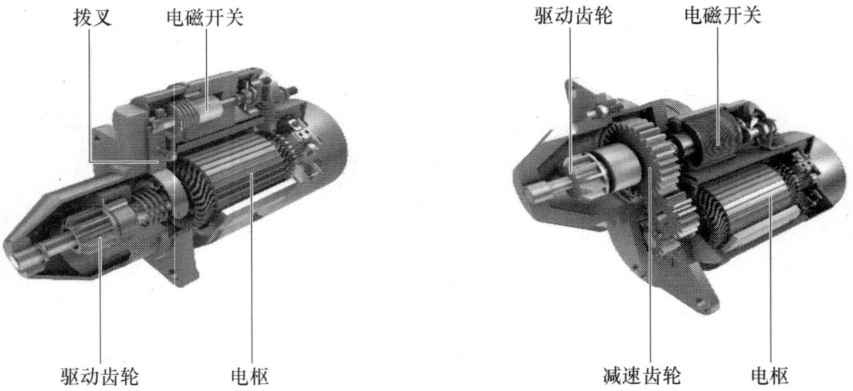

a)　　b)

图 4-6 起动机的结构

a）普通起动机 b）减速起动机

减速起动机的电动机转子转速比普通起动机电动机转子转速高，普通起动机的电动机转子直接驱动齿合器，而减速起动机是用减速齿轮来驱动齿合器，从而实现降速增矩。

（5）电磁开关的结构与工作原理

电磁开关主要由吸引线圈、保持线圈、可动铁心、回位弹簧、接触片等组成（图 4-7）。当起动电路接通后，保持线圈和吸引线圈产生的电磁力克服回位弹簧弹力使铁心左移，并带动齿轮右移；起动后，起动电路断开，铁心在回位弹簧作用下右移，并带动齿轮回位。图 4-8所示为起动机工作原理。

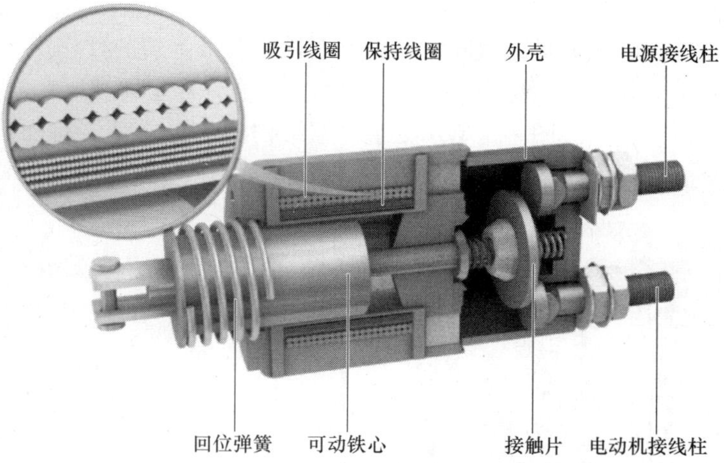

图 4-7 起动机电磁开关结构

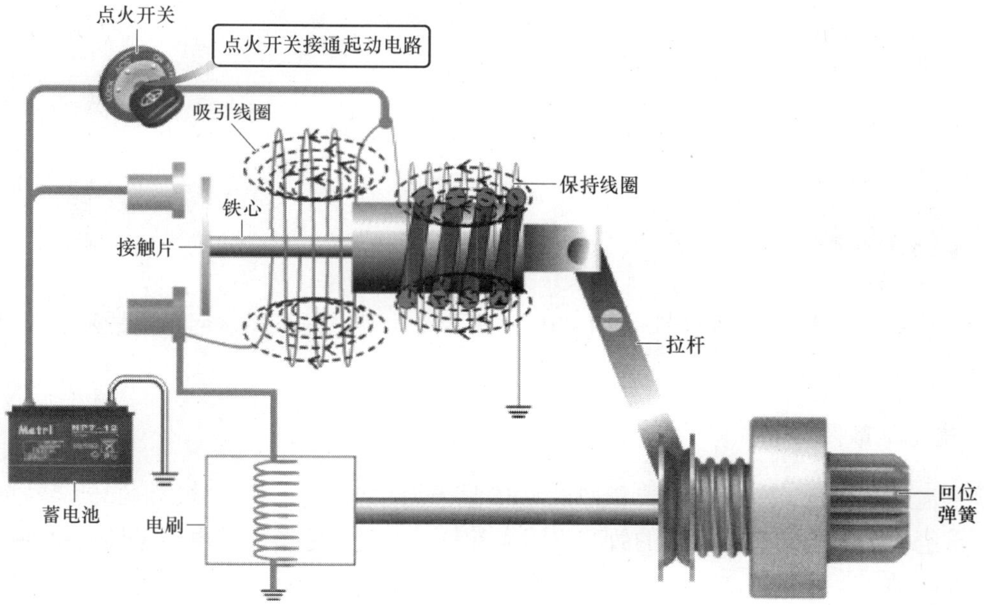

图 4-8 起动机工作原理

2. 认识继电器

（1）继电器的结构和功用

继电器是一种电控制器件，其功用是保持控制系统和被控制系统之间的互动关系。它实际上是用小电流去控制大电流运作的一种“自动开关”，在电路中起着自动调节、安全保护、转换电路等作用。继电器的品种繁多，目前汽车上应用最为广泛的是电磁继电器。电磁继电器一般由铁心、线圈、衔铁、弹簧、触点等组成。

（2）继电器的工作原理

当线圈通电时，线圈中就会流过一定的电流，从而产生电磁效应，衔铁就会在电磁力吸引的作用下克服返回弹簧的拉力吸向铁心，从而带动衔铁的动触点与静触点（常开触点）吸合。当线圈断电后，电磁的吸力也随之消失，衔铁就会在弹簧的反作用力下返回原来的位置，使动触点与原来的静触点（常闭触点）释放。这样不断地吸合、释放，从而达到了在电路中的导通、切断的目的。图 4-9 所示为继电器结构及工作原理。

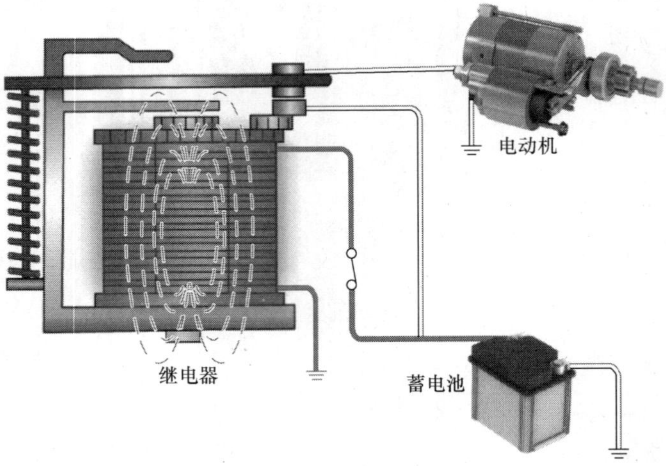

图 4-9　继电器结构及工作原理

故障分析

当起动系统出现异常情况时，产生的原因主要是：蓄电池故障、起动机故障、起动机继电器或起动线路故障等。

1. 蓄电池故障分析

蓄电池是起动系统的供电装置，如果蓄电池不能正常供电，将直接影响起动系统的正常工作。蓄电池引起起动机不运转的故障原因通常是：蓄电池亏电、蓄电池极柱被腐蚀或者极柱接线有松动。

2. 起动机故障分析

起动机是起动系统的核心部件。起动机的常见故障有电磁开关故障和直流电动机内部故障。如果电磁开关有故障，则需要对电磁开关中的吸引线圈、保持线圈进行进一步测试。电动机内部故障一般为电刷接触严重不良，绕组断路或有搭铁故障。

3. 起动机继电器及起动线路故障分析

起动机继电器控制电路是由点火开关控制的，所以原因很可能是点火开关故障或继电器本身故障，若两者都没问题，则故障可能在点火开关到起动继电器的线路或起动继电器到起动机的线路上。当点火开关和继电器发生故障时，均需要更换。线路故障常见为：插接器接头松动或断开、线头锈蚀以及导线断路等，如果发现上述情况，应进行紧固或更换。

实施路径

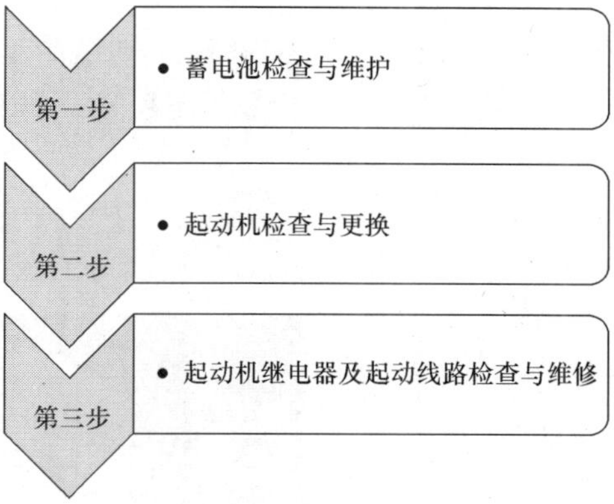

实施方案

1）课时建议：10 学时（按实际维修工时要求）。
2）教学环境：理实一体化教学实训中心。
3）质量要求：参照厂家的质量标准要求。
4）组织方式：学生自由组合，每 4 ~ 6 位同学为一组。
5）生产准备，每组配备的工具及设备：
① 场地：装有废气抽排系统和消防设施的实训维修车间。
② 举升机：安全支座、套装常用工具。
③ 卡罗拉轿车、维修作业台等。
④ 仪器：故障诊断仪、万用表。
⑤ 耗材：清洁布、清洗液等。
6）实训作业要求（见附录 B）。

实施步骤

在进行故障诊断与维修之前，首先转动点火开关，尝试起动发动机，初步判断可能发生的故障；使用故障诊断仪读取故障码，根据故障码查找出相应的故障部位，如果没有读取到故障码，按以下实施步骤进行故障诊断与排除。

第一步：蓄电池检查与维护

1. 前期准备

确认点火开关处于关闭状态，检查灯光、空调等所有用电设备处于关闭状态，拉起驻车制动器，将换档杆置于 P 位。

2. 外观检查

1）打开发动机舱盖检查蓄电池壳体是否有裂纹、渗漏电解液现象，如果有则更换蓄电池。

2）检查蓄电池正、负极柱是否有腐蚀物，如果有，则用铜丝刷子清洁。

3）检查蓄电池电缆接头与极柱和连接导线有无松动，如有，则应紧固或更换电缆接头。

实践操作1：更换蓄电池

1. 拆卸蓄电池

1）用棘轮扳手、短接杆、10mm 长套筒拧松蓄电池上方压板的 2 个固定螺母，用手取下外侧的压板固定螺母，用手拧松内侧的压板固定螺母，将压板和钩形螺杆一同取下（图 4-10），并放置于工具车上。

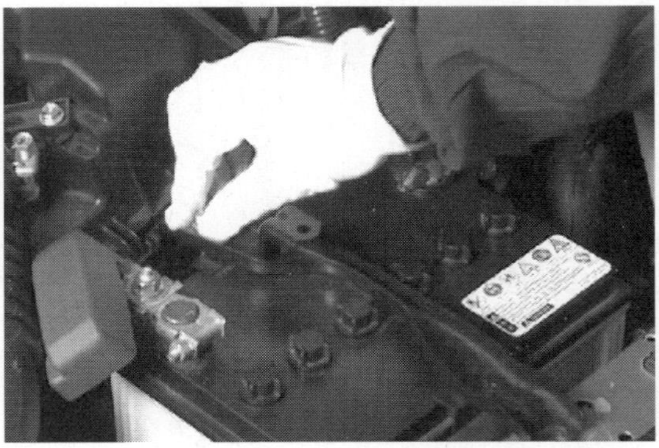

图 4-10　拆下蓄电池压板

2）用 10mm 梅花扳手拧松蓄电池正、负极接线柱固定螺母（图 4-11），取下正、负极电缆，并放置于合适位置。

3）取出蓄电池，放置于工作台上。

图 4-11　拆下接线柱螺母

注意

① 拆卸蓄电池正、负极电缆接头时，必须先拆负极接头，再拆正极接头。

② 取下蓄电池时，要防止跌落，严禁在地上拖拽、翻转。

2. 安装新蓄电池

1）检查蓄电池底座有无裂纹和破损，如有，则应更换。

2）检查蓄电池支撑座有无腐蚀或变形，如果有，则应清洁或修复。

3）用苏打水去除蓄电池正、负极电缆接头上的污物。

4）检查蓄电池型号是否正确。

5）将蓄电池对正平放在底座的凹槽中。

6）将钩形螺杆与支撑座相连，将压板两端的孔对正螺杆装入，并旋入 2 个螺母（图 4-12）。

7）用棘轮扳手、短接杆、10mm 长套筒组合工具，对称拧紧 2 个固定螺母。

图 4-12　安装蓄电池压板

8）将蓄电池正、负极电缆接头对正蓄电池极柱安装并按压到底。

9）用 10mm 梅花扳手拧紧固定螺母，拧紧力矩为 5N・m。

注意

安装蓄电池电缆接头时应先安装正极、再安装负极。

3. 电压检查

选用数字万用表并打开，调至直流电压 20V 档位，将红、黑表笔分别与蓄电池正、负极柱顶端连接，观察并记录电压读数，若所测电压值不在蓄电池正常电压范围内，则需要充电。蓄电池电压值正常为：12 ~ 12. 6V。

实践操作 2：蓄电池充电

蓄电池充电方式有：定压充电、定流充电、快速充电和去硫化充电。最常见的充电方法是定压充电。下面就以定压充电为例，详细讲解蓄电池充电过程。

1）用棘轮扳手、短接杆、10mm 长套筒组合工具拧松蓄电池上方压板的 2 个固定螺母，用手取下外侧的压板固定螺母，用手拧松内侧的压板固定螺母，将压板和钩形螺杆一同取下，并放置于工具车上。

2）用 10mm 梅花扳手拧松蓄电池负极接线柱固定螺母，拆下负极电缆线（图 4-13），并放置于合适位置。

3）取出蓄电池，放置于工作台上。

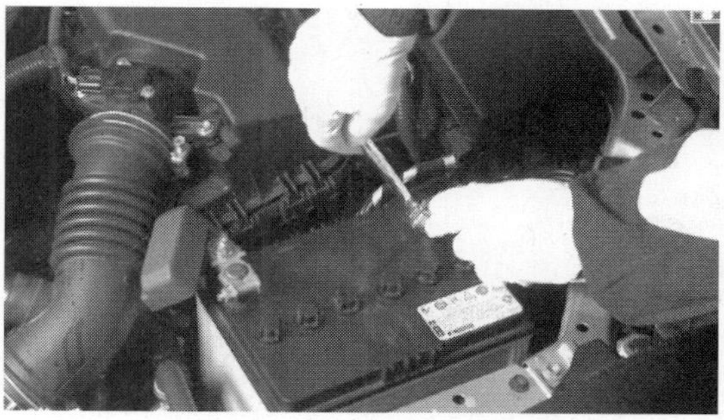

图 4-13　拆下蓄电池电缆线

4）将充电机输出电缆线正极与蓄电池正极相接，输出电缆线负极与蓄电池负极相接（图4-14）。

5）将充电机接在220V的交流电源上。

6）选择12V电压，将充电电流调到最小值，然后打开充电电源开关。

7）先选择额定电流的（1/10）电流充电8～10h。

图4-14　充电机输出线连接蓄电池

8）然后调整为额定电流的（1/15）电流充电2～4h（图4-15）。

9）充电完毕，关闭充电机的电源开关。

10）将充电机与220V的交流电源断开。

11）将充电机的输出电缆线负极与蓄电池负接线柱分离，并将充电机的输出电缆线正极与蓄电池正接线柱分离。

12）整理充电机，放置于指定位置。

图4-15　调整充电机电流

13）蓄电池充电检测：用万用表测量端电压是否上升到最大值，且2～3h内不再上升。观察电解液中产生大量气泡，呈沸腾状态，记录读数。蓄电池标准值：12～12.6V。若所测电压值不在标准范围内，则说明蓄电池有故障，需更换（图4-16）。

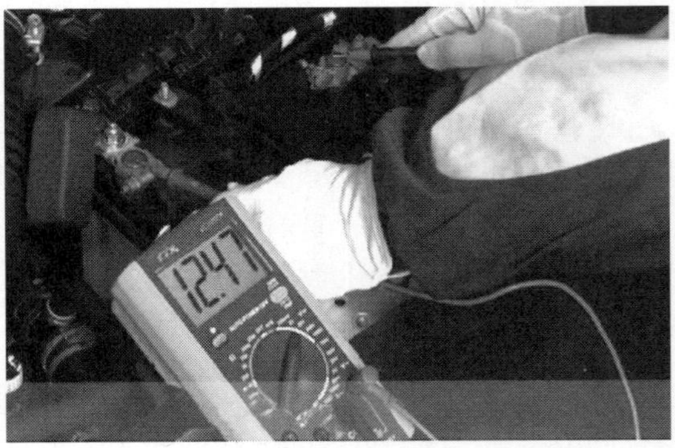

图4-16　检查蓄电池电压

注意

① 充电时，附近不能有火花，禁止吸烟。

② 打开充电机的电源开关前，要确定充电电流调到最小值。

第二步：起动机检查与更换

实践操作 3：检查起动机

1）检测吸引线圈是否断路。用数字万用表欧姆档检测端子 50 和端子 C 之间的电阻（图 4-17），正常情况下应该小于 1Ω。

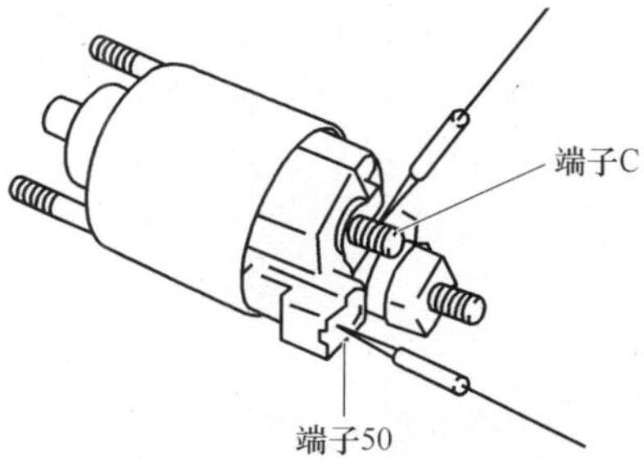

图 4-17　检测吸引线圈电阻值

2）检测保持线圈是否断路。用数字万用表欧姆档检测端子 50 与电磁开关壳体之间的电阻（图 4-18），正常情况下应该小于 2Ω。

3）如果检测到的阻值不符合标准，则需要更换起动机，参见本项目实践操作 4。

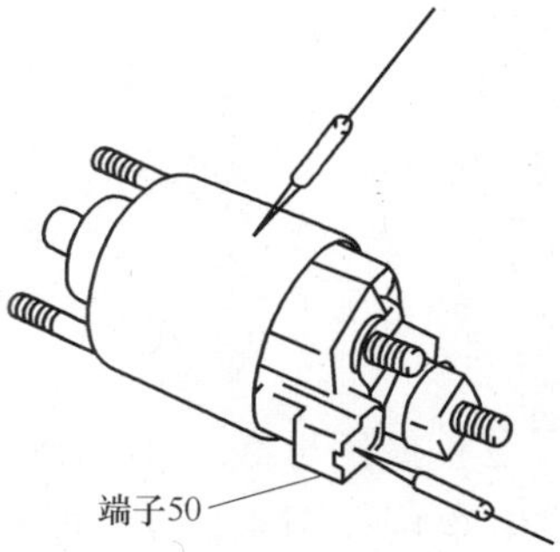

图 4-18　检测端子 50 与壳体电阻值

实践操作 4：更换起动机

1. 拆卸起动机

1）用 10mm 梅花扳手拧松蓄电池负极接线柱固定螺母，断开蓄电池负极电缆。

2）拆下散热器上空气导流板上 6 个卡子，取下空气导流板。

3）用 14mm 梅花扳手松脱起动机上部紧固螺栓。

4）举升汽车至操作合适的高度（图 4-19）。

5）用压缩空气清洁起动机表面和连接线路。

6）用手断开吸拉线圈的插接器。

7）用 14mm 套筒拧松 30 号主供电端子固定螺母，用手取下，移出主供电导线。

8）用 14mm 套筒拧松起动机左下侧螺栓。

图 4-19　举升车辆至合适高度

9）拆下起动机总成（图 4-20）。

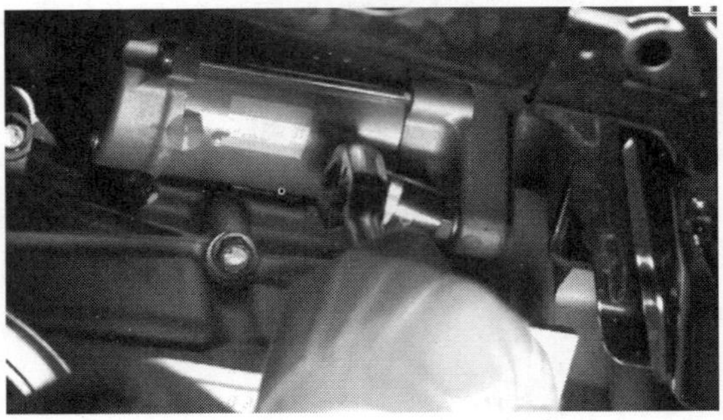

图 4-20　拆下起动机总成

2. 检查新起动机

1）检查新起动机零件号是否正确，外观是否完整（图 4-21），将新起动机夹在台虎钳中。

图 4-21　检查起动机外观

2）使用导线，将起动机端子 50 与端子 30 连接（图 4-22）。将蓄电池正极与起动机端子 30 连接。

图 4-22　将起动机端子 50 与端子 30 连接

3）将蓄电池负极与起动机壳体短暂接触，检查并确认小齿轮向外移动以及能否正常运转（图 4-23）。

4）断开蓄电池负极与起动机壳体的接触，检查并确认小齿轮向内移动并停止运转。

图 4-23　起动机通电检查

注意

检测过程在 3 ~5s 内完成，以免损坏起动机。

3. 安装起动机

1）用压缩空气清洁安装部位。

2）将新起动机插入飞轮座孔并对准安装螺孔。

3）旋入下部固定螺栓（图 4-24），但不拧紧。

4）降下车辆。

图 4-24　旋入起动机下部固定螺栓

5）旋入起动机上部螺栓，用 14mm 套筒扳手预紧（图 4-25）。

6）用 14mm 套筒扳手拧紧起动机上部螺栓，标准力矩为 37N · m。

7）再次举升车辆。

8）用 14mm 套筒扳手拧紧起动机下部螺栓，标准力矩为 37N · m。

9）将 30 号主供电导线套入主供电螺栓，用手旋入固定螺母，但不拧紧。

图 4-25　安装起动机上部螺栓

10）用 12mm 套筒扭力扳手拧紧 30 号主供电导线上的螺母，标准力矩为 9. 8N · m。

11）安装起动机端子盖，确保安装到位。

12）连接磁力起动机开关插接器，确保锁止可靠。

13）再次降下车辆。

14）连接蓄电池负极，用 10mm 套筒扳手拧紧，标准力矩为 5. 4N · m。

15）安装散热器上空气导流板，并卡上 6 个固定卡子。

16）起动发动机，检查起动机工作是否正常，如不正常，需要重新检查（图 4-26）。

图 4-26　检查运转情况

第三步：起动机继电器及起动线路检查与维修

1. 初步检测

将起动继电器上的“电池”和“点火”两接线柱短接。若起动机正常工作，执行点火开关及点火开关到起动继电器的线路检测。若起动机不工作，执行继电器及继电器到起动机的线路检测，图 4-27 所示为起动机继电器座示意。

图 4-27　起动机继电器座示意

2. 点火开关检测

使用数字万用表测量点火开关端子 50 上的电压，若电压值小于 8V，则更换点火开关；若大于 8V，则进行下一步。

实践操作 5：更换点火开关

1）前轮对准直行位置。

2）断开蓄电池负极端子电缆。正确使用工具断开蓄电池负极端子电缆。

注意

断开蓄电池电缆后至少要等待 90s，防止气囊展开。

3）拆卸转向盘装饰盖。

① 选用一字螺钉旋具。扶住转向盘 3 号下盖下侧，用缠有保护胶带的螺钉旋具沿 3 号下盖上侧接缝中部撬开卡爪，取下转向盘 3 号下盖。用相同的方法拆卸转向盘 2 号下盖（图 4-28）。

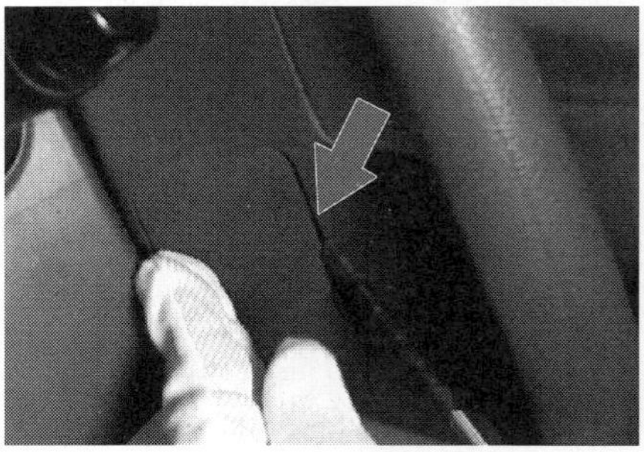

图 4-28　拆下转向盘下盖

② 选用“TORX” T30 梅花套筒，松开转向盘装饰盖 2 个“TORX”梅花螺钉，直至螺钉边沿的凹槽与螺钉座齐平，从转向盘总成中拉出转向盘装饰盖，并且用一只手支承转向盘装饰盖（图 4-29）。

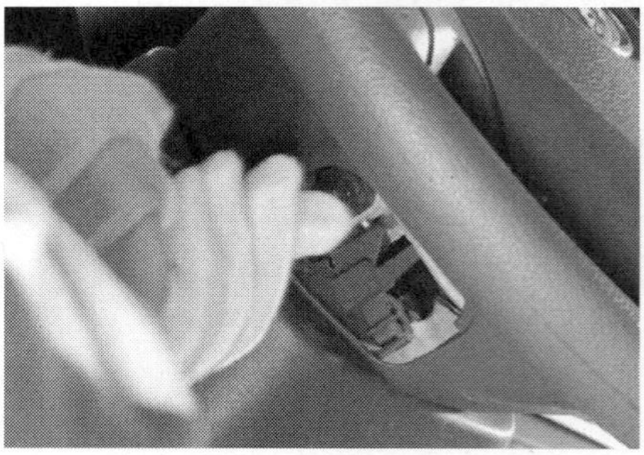

图 4-29　从转向盘总成中拉出装饰盖

③ 使用头部缠有保护性胶带的螺钉旋具，松开安全气囊插接器的锁扣，断开线束插接器（图4-30）。在转向盘装饰盖上断开喇叭插接器。取下转向盘装饰盖。

图4-30　断开气囊插接器

4）拆卸转向盘总成。

① 握紧转向盘，选用19mm套筒、接杆、指针式扭力扳手，松开转向盘总成固定螺母。在转向盘总成和转向主轴上做装配标记。

② 选用SST（转向盘拆卸专用拉器）拆卸转向盘总成（图4-31）。

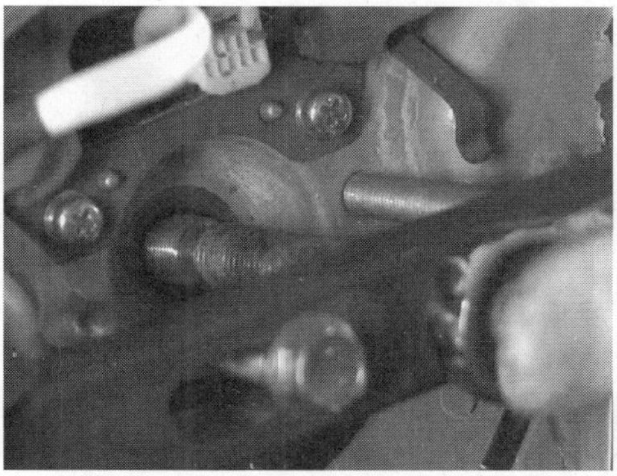

图4-31　拆卸转向盘总成

5）拆卸点火开关总成。

① 用手拉动下转向柱罩的左右两侧，脱开上、下转向柱罩固定卡爪。拆卸下转向柱罩和上转向柱罩。

② 按下点火开关插接器锁扣，依次断开两个线束插接器。

③ 选用十字螺钉旋具，拧松点火开关固定螺钉，拆下点火开关总成。在点火开关总成上拆下线束插接器（图4-32）。

图4-32　拆下点火开关线束插接器

6）安装点火开关总成。

① 检查新点火开关的零件号是否正确；检查点火开关外观有无损坏，接线端子有无变形、锈蚀等现象。

② 对准点火开关安装位置，安装点火开关总成和点火开关总成固定螺钉，使用十字螺钉旋具紧固点火开关总成固定螺钉。

③ 将线束插接器固定在点火开关上（图 4-33），确认固定牢靠。依次插接点火开关两个线束插接器，确保连接锁止可靠。

④ 对准上、下转向柱罩安装位置，安装上、下转向柱罩，接合上、下转向柱罩的固定卡爪，使上、下转向柱罩完全配合。

图 4-33　安装点火开关线束插接器

7）安装转向盘总成。

① 调整螺旋电缆至合适位置，对准转向盘总成和转向主轴上的装配标记，将转向盘压入。

② 旋入转向盘固定螺母。选用 19mm 套筒、接杆、扭力扳手，以维修手册规定的 50N · m 力矩紧固转向盘固定螺母。

8）安装转向盘装饰盖及下盖。

① 安装转向盘装饰盖。用一只手支撑转向盘装饰盖。将气囊插接器连接至转向盘装饰盖上（图 4-34），并保证锁扣锁止可靠；将喇叭线束插接器连接到转向盘装饰盖上，保证连接到位；对准转向盘装饰盖安装位置，将转向盘装饰盖安装在转向盘总成上；向下轻压转向盘装饰盖，使用 T30 梅花套筒对称紧固转向盘装饰盖 2 个固定螺钉。

图 4-34　连接气囊连接线

② 安装转向盘下盖。对准卡爪位置，将转向盘 3 号下盖推入到位；对准卡爪位置，将转向盘 2 号下盖推入到位。

9）检查转向盘装饰盖及中心点。

① 确认点火开关处于“OFF”位置，连接蓄电池负极电缆，按喇叭开关，确定喇叭可以鸣响。

② 再次确认两前轮处于直行状态时转向盘处于中心点。

3. 点火开关到起动继电器的线路检查

1）轻轻地上下或者左右摆动电气配线以检查故障。主要检查插头的根部，查看导线是否从端子中脱开，如果有这种情况，则需要进行紧固或者更换新的配线。

2）断开插接器，查看线头是否被锈蚀或腐蚀，如果有，则需要更换新的配线。

4. 继电器检查

1）用 10mm 梅花扳手拧松蓄电池负极接线柱固定螺母，取下负极电缆。

2）从 5 号继电器盒中拆下起动机继电器，图 4-35 所示为 5 号继电器盒位置。

图 4-35　5 号继电器盒位置

3）打开数字万用表，选择欧姆档，将红、黑表笔分别与继电器的 C、D 端子连接，观察并记录电阻读数，在不通电情况下，C、D 两端子不连通，检测到的阻值应为 10kΩ 甚至更大（图 4-36）。

4）把蓄电池正极连接到继电器端子 B 上，负极接到继电器端子 A 上，再次用数字万用表检查 C、D 两端子之间的电阻，通电时，C、D 两端子连通，阻值应该小于 1Ω。

5）如果检测结果不符合上述标准，则说明继电器损坏，应该更换新的继电器。

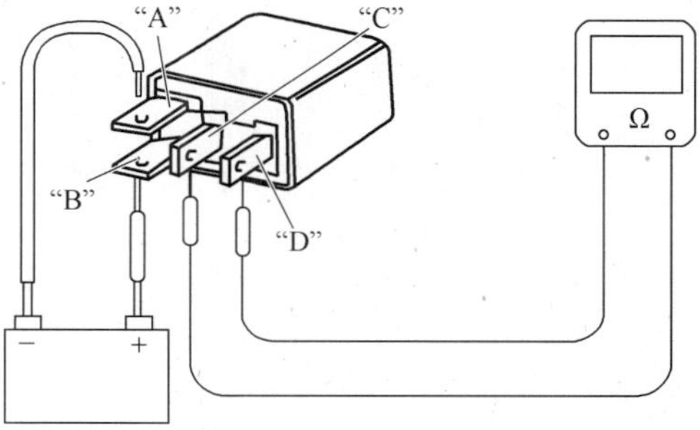

图 4-36　检查继电器

5. 继电器到起动机的线路检查

1）轻轻地上下或者左右摆动电气配线以检查故障。主要检查接头的根部，查看导线是否从端子中脱开，如果有这种情况，需要进行紧固或者更换新的配线。

2）断开插接器，查看线头是否被锈蚀或腐蚀，如果有，则需要更换新的配线。

维修完成后，检验维修质量，并进行车辆最终检查，清洁、整理工量具，清洁、整理场地。

项目评价（见附录）

05

项目五

起动机运转但发动机不起动

项目导入

维修车间接到一辆2005年产卡罗拉1.6AT故障车，行驶里程5.6万km。用户反映该车起动机运转正常，但发动机无法起动，且无起动征兆（图5-1）。现在我们的任务就是一起维修该车。

图5-1　起动机运转，发动机不起动故障

学习目标

【技能目标】

1）能通过与客户交流、查阅相关维修技术资料等方式获取车辆信息。

2）能根据故障现象制订正确的维修计划。

3）能根据维修计划合理地组织协调维修作业。
4）能正确使用工具、量具及检测维修设备。
5）能正确选择诊断设备对点火系统和燃油供给系统故障故障进行诊断。
6）能正确记录、分析各种检测结果并做出故障判断。
7）能按照正确操作规范进行相关部件的更换。
8）能按照维修标准对修复质量进行检查验收。
9）能对本次维修实践活动予以合理评估。
10）能根据环保要求，正确处理对环境和人体有害的废料和损坏零部件。

【知识目标】

1）了解点火系统、燃油供给系统、控制系统的组成。
2）熟悉点火系统、燃油供给系统、控制系统的组成及工作原理。

知识准备

1. 认识点火系统

（1）点火系统

1）功用。点火系统的功用是在气缸内适时、可靠、准确地产生电火花，以点燃可燃混合气，实现汽油发动机做功。

2）工作原理。发动机工作时，分电器通过触发叶轮使霍尔集成电路的磁通发生变化，产生电压信号，供给点火控制器，点火控制器则以此控制初级电流的通断，进而产生次级电流，并按点火顺序依次控制各缸火花塞的点火。如图 5-2 所示为霍尔式点火系统工作原理。

（2）火花塞

1）结构。火花塞由中心电极、侧电极、绝缘体裙部、火花塞壳体、陶瓷绝缘体、接线螺母等组成（图 5-3）。

2）功用。火花塞的功用是把点火线圈产生的高压电引入气缸，在火花塞电极的间隙之间产生火花点燃混合气。

（3）点火线圈

1）结构。点火线圈是将电源的低压电转变为高压电的基本元件，其主要由点火模块、一次绕组、二次绕组、铁心、连接弹簧等组成。点火线圈按磁路可分为开磁路式和闭磁路式两种。

2）工作原理。当一次绕组电流突然被切断时，磁场衰减，使二次绕组产生感应电动势，该感应电动势的电压使火花塞放电。图 5-4 所示为单独点火系统点火线圈工作原理。

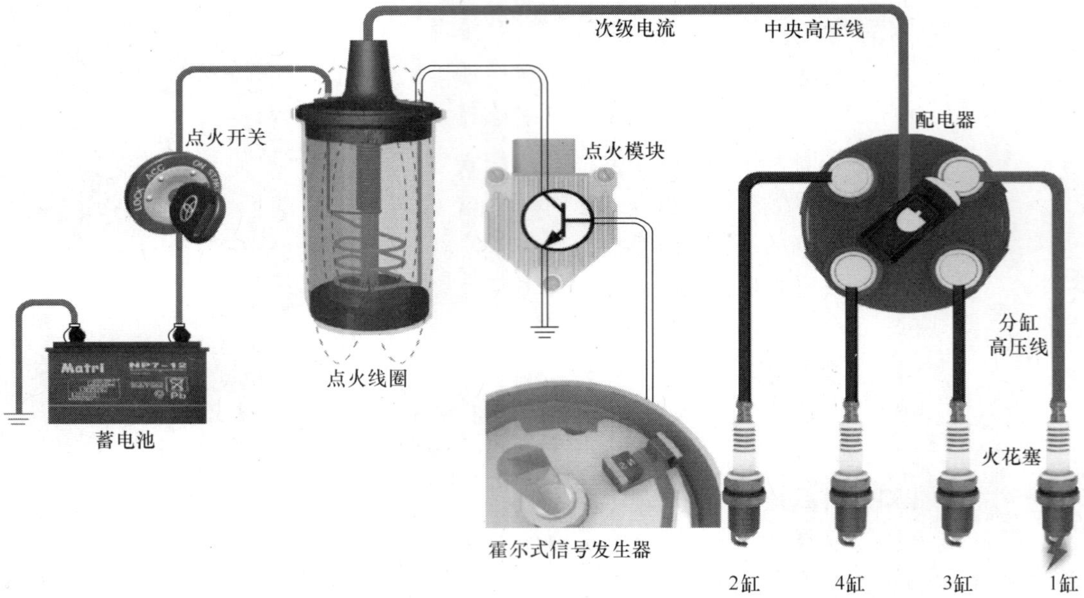

图 5-2　霍尔式点火系统工作原理

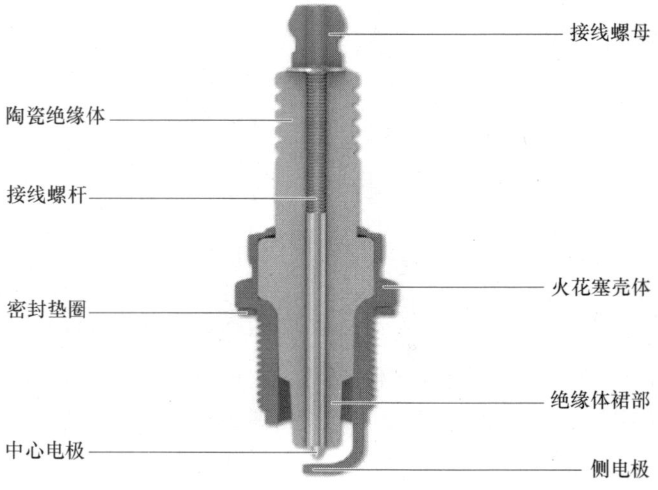

图 5-3　火花塞的结构

2. 认识燃油系统

（1）电动燃油泵

1）功用。燃油泵的功用是把燃油从燃油箱中吸出、加压后输送到供油管中，与燃油压力调节器配合建立一定的燃油压力。

2）结构。电动燃油泵由永磁式电动机、泵体、单向阀、溢流阀、滤网等组成。

3）类型。

① 按燃油泵的安装位置分类。

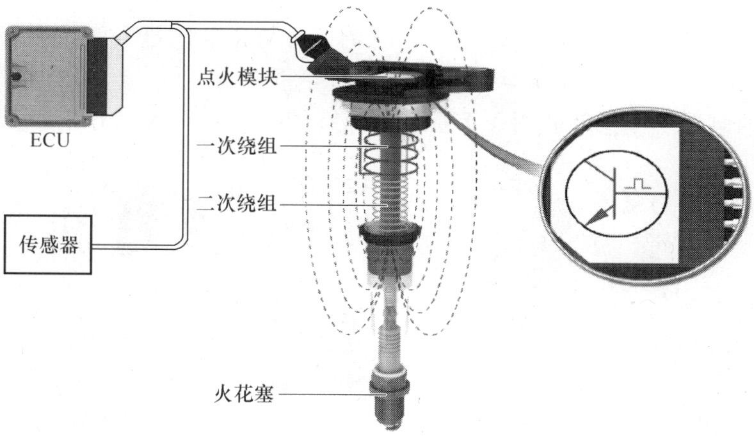

图 5-4　单独点火系统点火线圈工作原理

a. 外装式：电动燃油泵安装在油箱外低于油箱的位置，在大排量汽车上常作为第二级增压泵。

b. 内装式：电动燃油泵安装在油箱内，浸没在燃油中，现已被广泛采用。

② 按液压泵的结构分类。泵体是电动燃油泵泵油的主体，根据其结构的不同大致可以分为三种不同的类型，分别是涡轮式、滚柱式和齿轮式。现在的汽车几乎全部采用齿轮式或涡轮式电动燃油泵（图 5-5）。

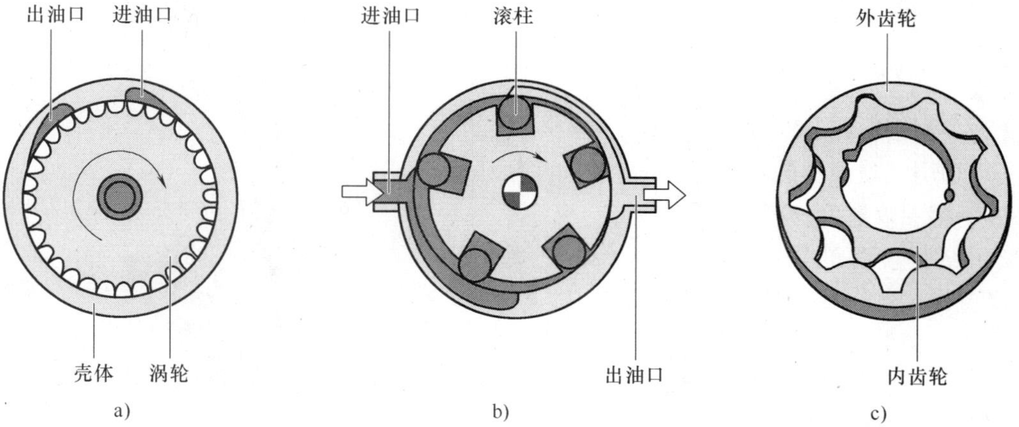

图 5-5　汽油泵泵体结构类型

a）涡轮式　b）滚柱式　c）齿轮式

4）工作原理。电动燃油泵工作时，永磁电动机通电带动泵体旋转，将汽油从进油口吸入，汽油经电动燃油泵内部，再从出油口压出，给燃油系统供油。电动燃油泵的转速和泵油量由外加电压决定，通常情况下为恒定值。

① 在电动燃油泵的出油口处设有一个单向阀，可以在发动机熄火后，防止燃油倒流，以保持燃油供给系统有一定的残余压力，便于下次起动。

② 在电动燃油泵进油腔和出油腔之间设有一个溢流阀，用于限制系统的最高油压。当油压达到一定值时，溢流阀打开泄压，以防止油路发生阻塞等意外情况时管路压力过高、油

泵负荷过大而烧坏油泵。

③ 在电动燃油泵的进油口处安装有一个滤网，可防止杂质进入燃油泵造成卡死或密封不良。

④ 电动燃油泵的工作原理如图 5-6 所示。

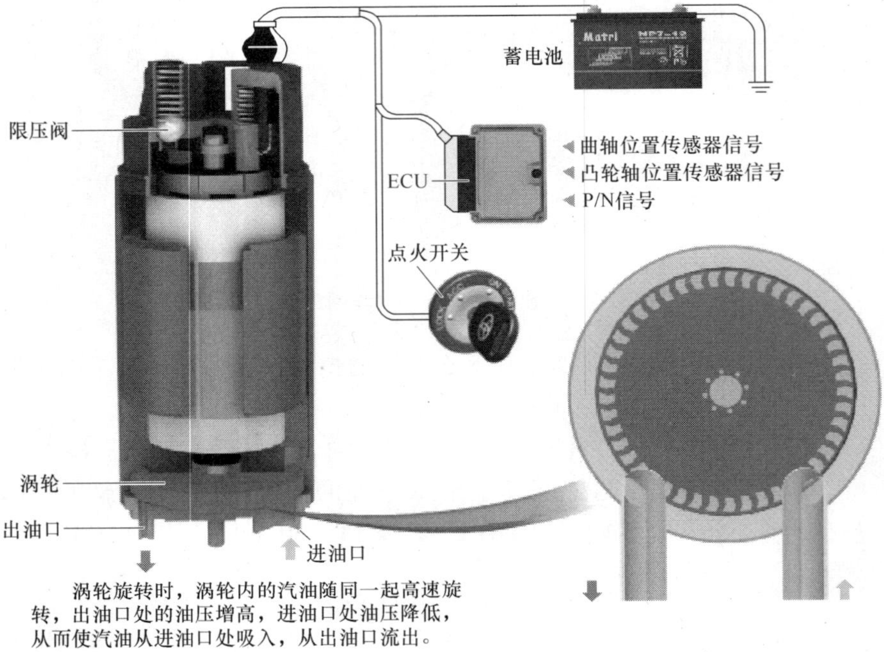

图 5-6　电动燃油泵工作原理

（2）喷油器

1）功用。喷油器的功用是根据 ECU 的指令，控制燃油喷射量。

2）结构。喷油器一般由壳体、电磁线圈、复位弹簧、衔铁、针阀和滤网等组成，按喷油口的不同，喷油器可分为孔式和轴针式两种。图 5-7 所示为轴针式喷油器，其优点是针阀前端的轴针伸入喷孔，可使燃油以环状喷出，有利于雾化，且由于轴针在喷口中不断运动，故喷孔不易堵塞；缺点是燃油雾化质量稍差，由于针阀质量较大，因而动态响应性较差。

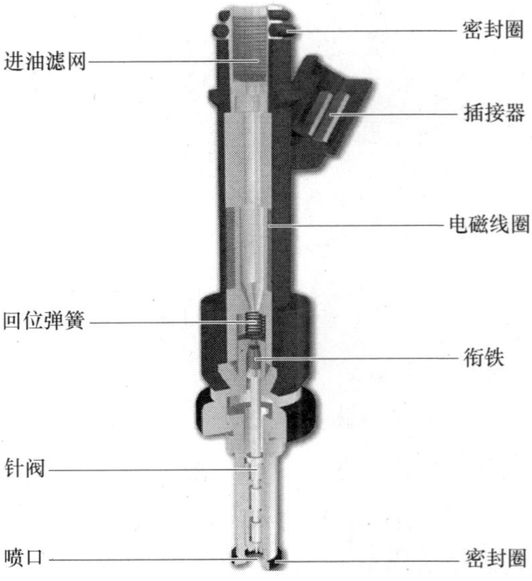

图 5-7　轴针式喷油器

3）工作原理。喷油器实际上是一个电磁阀，针阀与衔铁制成一体随衔铁一起移动。当电磁线圈通电后，衔铁被吸起（针阀升程约为 0.1mm），汽油便从喷孔喷射出去；当电磁线圈断电后磁力消失，针阀被弹簧压紧在阀座上，汽油因此被密封在油腔内。图 5-8 所示为喷油器工作原理。

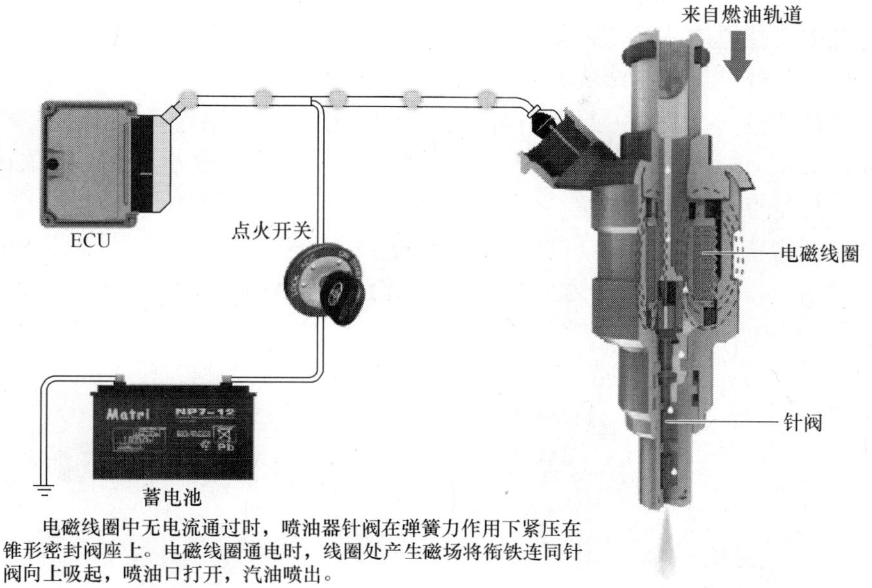

图 5-8　喷油器工作原理

故障分析

如果车辆出现了不能起动的故障，则原因很可能是发动机点火系统、燃油供给系统或控制系统中一个或多个系统出现故障。因此，在故障诊断与排除过程中，应集中在以上三个系统。若上述三个系统都无故障，则还要检查机械部分是否有故障。

1. 点火系统故障分析

点火系统故障导致发动机不能起动的主要原因是点火系统不能点火或火花微弱。所以诊断故障时，首先检查高压线是否有火花，确认点火系统是否有故障。

造成点火无火花故障的原因通常有：火花塞故障、点火线圈故障、点火模块故障、点火控制线路连接不良和传感器故障。点火系统最容易损坏的零件是火花塞，应重点检查。传感器故障需要使用故障诊断仪读取故障码，根据故障码排除对应故障。

2. 供给系统故障分析

供给系统中的燃油系统和进气系统，为发动机提供基本的动力原料。供给系统的正常工作是保证发动机良好运行的关键。燃油系统不供油和进气系统不供气，均会造成发动机无法起动。

燃油系统故障主要是燃油系统无油压。故障原因可能是：油箱中无油、电动燃油泵故障和喷油器故障。

进、排气系统故障主要是进气堵塞。如果空气滤清器堵塞严重，甚至堵死，则会造成发动机无法起动。另外，排气不畅同样会造成发动机无法起动。

3. 控制部分故障分析

控制部分主要装置之一是传感器。影响发动机起动的传感器，除了曲轴位置传感器、凸轮轴位置传感器之外，还有冷却液温度传感器，空气流量计等。

曲轴位置传感器（图 5-9）的功用是采集曲轴位置信号，输入 ECU，以便 ECU 确定点火时刻和喷油时刻。如果该传感器出现故障，ECU 将因为没有参考信息而无法进行计算和判断，也无法控制点火线圈工作。

凸轮轴位置传感器（图 5-10）是点火控制的主控信号。凸轮轴位置传感器的作用是采集凸轮轴位置信号，输入 ECU 作为判缸信号，从而控制喷油顺序和点火时刻等。

图 5-9　曲轴位置传感器

图 5-10　凸轮轴位置传感器

冷却液温度传感器（图 5-11）的作用是检测发动机冷却液的温度，并以电压信号的形式传给 ECU。ECU 根据获取的信号对基本喷油量、点火提前角和怠速转速等进行修正。如果冷却液温度传感器中的热敏电阻出现故障，传感器将无法检测正确的冷却液温度，无法给 ECU 提供参考信号。

空气流量传感器（图 5-12）是测量发动机进气量的电子测量装置，可将空气流量信号转换为电压信号传到 ECU。ECU 根据进气量信号、发动机转速信号等即可计算出最佳喷油量，以获得与发动机运转工况相适应的最佳浓度的可燃混合气。如果空气流量传感器中的铂热丝表面有脏污，将影响空气流量传感器的测量精度。

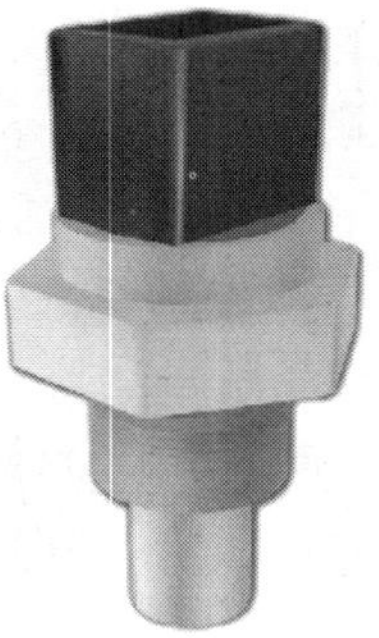

图 5-11　冷却液温度传感器

图 5-12　空气流量传感器

4. 机械部分故障分析

若上述检查均为正常，则应进一步检测发动机气缸压力。若气缸压力低于车型技术要求规定值，则说明发动机机械部分有故障，应检查气缸密封性并确认故障原因。图 5-13 所示为气缸盖和气缸体内部示意。

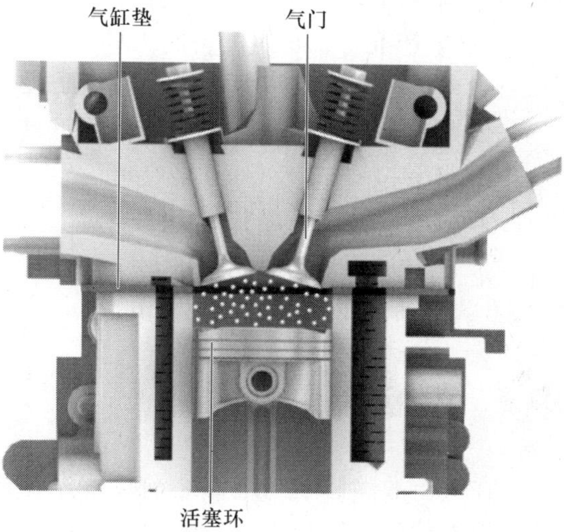

图 5-13　气缸盖和气缸体内部示意

气缸压力低应从密封和正时两个方面考虑。

气缸、活塞、气门、气缸垫共同组成燃烧室，以保证气缸的密封性。如果活塞环折断或磨损严重，气门损坏或有积炭、气缸垫破损，均会造成气缸密封不良。

配气正时就是进、排气门的实际开闭时刻。在活塞运动到一定位置时，进、排气门不能正常打开或关闭，就会造成气缸压力低或无压力，导致使发动机功率下降，甚至不能起动。

实施路径

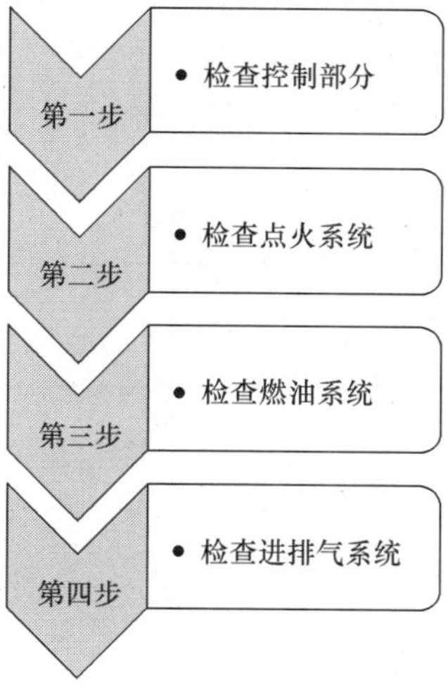

实施方案

1）课时建议：10 学时（按实际维修工时要求）。

2）教学环境：理实一体化教学实训中心。

3）质量要求：参照厂家的质量标准要求。

4）组织方式：学生自由组合，每4~6位同学为一组。

5）生产准备，每组配备的工具及设备：

① 场地：装有废气抽排系统和消防设施的实训维修车间。

② 举升机、安全支座、套装常用工具。

③ 卡罗拉轿车、维修作业台等。

④ 仪器：故障诊断仪、万用表。

⑤ 耗材：清洁布、清洗液等。

6）实训作业要求（见附录B）。

实施步骤

在进行故障诊断与维修之前，首先尝试起动发动机，仔细观察车辆状况，确认故障现象。根据故障特征初步判断可能发生的故障区域。

第一步：检查控制部分

使用汽车故障诊断仪读取故障码，参见项目一相关的检查步骤操作。如没有发现故障码，则进行下一步检查。

1. 检查曲轴位置传感器

按照项目一中相关的检查操作步骤。

2. 检查凸轮轴位置传感器

图5-14所示为凸轮轴位置传感器控制电路。

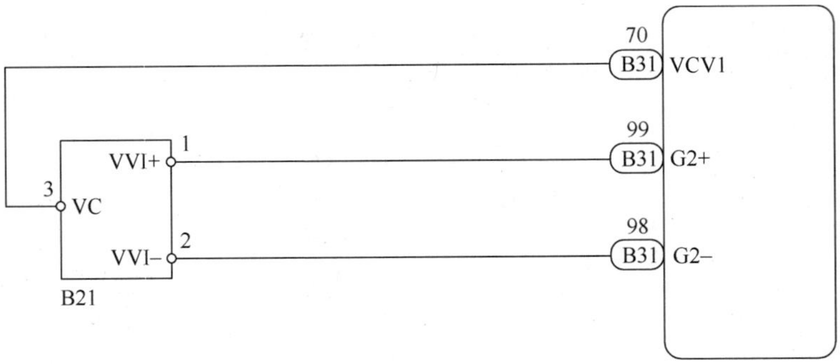

图5-14　凸轮轴位置传感器控制电路

实践操作1：	检查凸轮轴位置传感器

1. 检查进气凸轮轴位置传感器电源

1）断开进气凸轮轴位置传感器插接器。

2）接通点火开关。

3）用万用表测 B21-3（VC）—车身搭铁之间的电压，应为 4.5～5.0V，否则检查 B21-3（VC）与 ECU（B31-70）之间的线路情况（导通与绝缘情况），正常则更换 ECU。

2. 检查进气凸轮轴位置传感器与 ECU 之间的线路情况

1）断开 ECU 插接器。

2）用万用表测 B21-1—B31-99（G2 +）、B21-2—B31-98（G2 -）之间的电阻值，应小于 1Ω，否则维修或更换线束。

3）用万用表测 B21-1 或 B31-99（G2 +）—车身搭铁、B21-2 或 B31-98（G2 -）—车身搭铁之间的电阻值，应大于 10kΩ，否则维修或更换线束。

3. 检查凸轮轴位置安装情况

参考项目一中相关的检查曲轴位置传感器安装方法。

3. 检查冷却液温度传感器

按照项目二中相关的检查步骤操作。

4. 检查空气流量传感器

按照项目七中相关的检查步骤操作。

第二步：检查点火系统

实践操作 2：拆卸与安装点火线圈和火花塞

1. 拆卸点火线圈和火花塞（图 5-15）

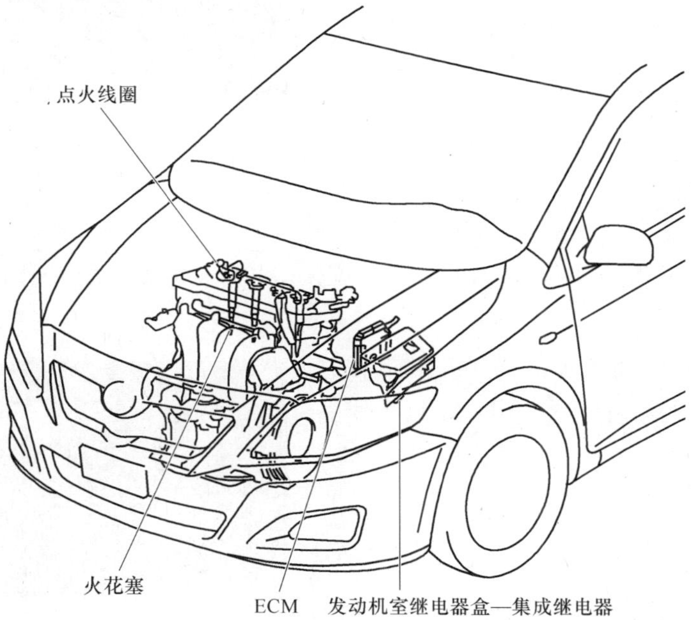

图 5-15　火花塞和点火线圈位置

（1）拆卸 2 号气缸盖罩

1）将点火开关置于“LOCK”位置。

2）依次提起发动机舱罩前后两端，取下发动机舱罩。

（2）拆卸点火线圈总成

1）按下点火线圈线束插接器锁舌，将线束插接器向外拔出，依次断开四个点火线圈线束插接器（图 5-16）。

图 5-16　拔出点火线圈插接器

注意

（图 5-17）

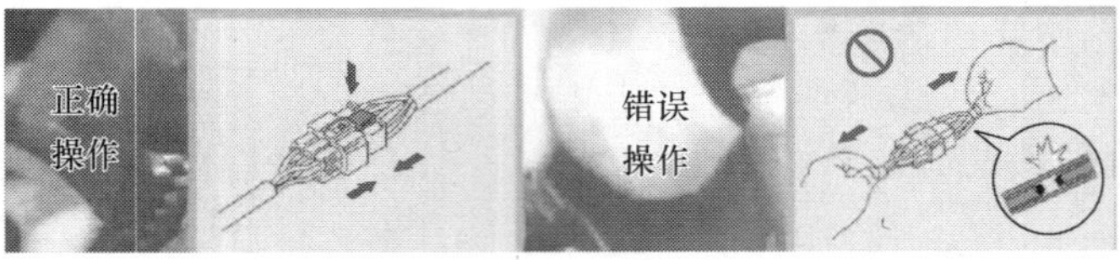

图 5-17　插接器操作注意事项

2）根据维修手册规定，选用棘轮扳手、10mm 套筒，依次拧松点火线圈固定螺栓并用手取下（图 5-18）。

图 5-18　松开点火线圈固定螺栓

注意

拆下点火线圈时，不要损坏发动机缸盖开口上的火花塞盖或火花塞套管顶部边缘。

3）用手左右旋动点火线圈，并沿垂直方向拔出点火线圈；然后依次取出 4 个点火线圈（图 5-19）。

图 5-19　取出点火线圈

注意

如果点火线圈拔出困难，不要硬拔，左右多次旋动点火线圈，使火花塞与点火线圈套直接松动，然后垂直拔出点火线圈。

（3）拆卸火花塞

1）根据维修手册规定，选用火花塞套筒、加长杆、棘轮扳手，正确组合工具。

2）将火花塞套筒与火花塞中心对正，然后拧松，直到火花塞螺纹完全退出后，将工具与火花塞一同取出（图5-20）。

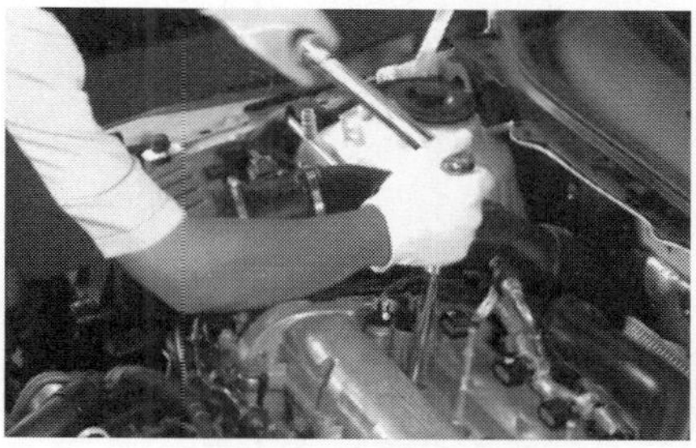

图5-20　拆卸火花塞

注意

如图5-21所示，取出火花塞时，不能碰到孔壁，防止脱落！

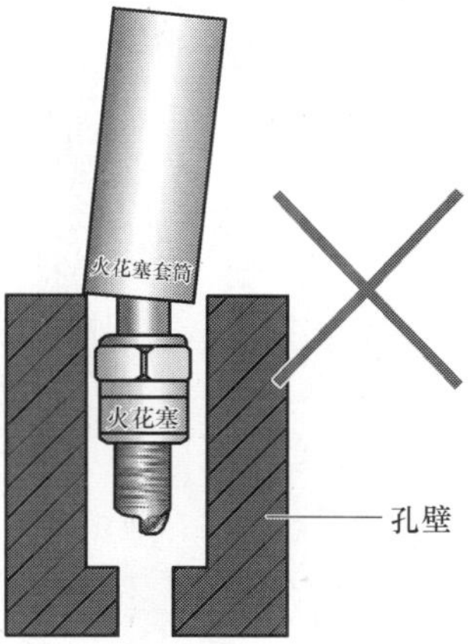

图5-21　火花塞拆卸注意事项

2. 安装点火线圈和火花塞

（1）安装火花塞

1）根据原厂规定或相应的火花塞对应表，确定火花塞型号。

2）根据维修手册，选用并组合火花塞套筒、加长杆、扭力扳手，将火花塞正确插入火花塞套筒（图5-22）。

图5-22　安装火花塞

3）握住工具，连同火花塞正确放入安装位置，并用手旋入螺纹，直到拧不动为止。

4）使用扭力扳手，以20N·m的力矩拧紧火花塞（图5-23）。

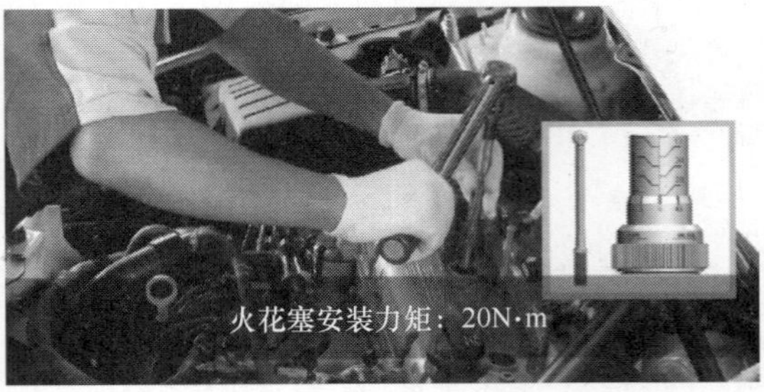

图5-23　拧紧火花塞

注意

安装前应检查火花塞套筒是否卡紧、火花塞（图5-24）；放入火花塞时，不能磕碰孔壁（图5-25）。

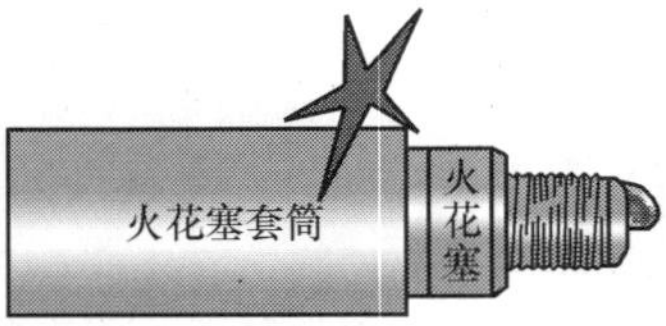

图5-24　安装火花塞注意事项（1）

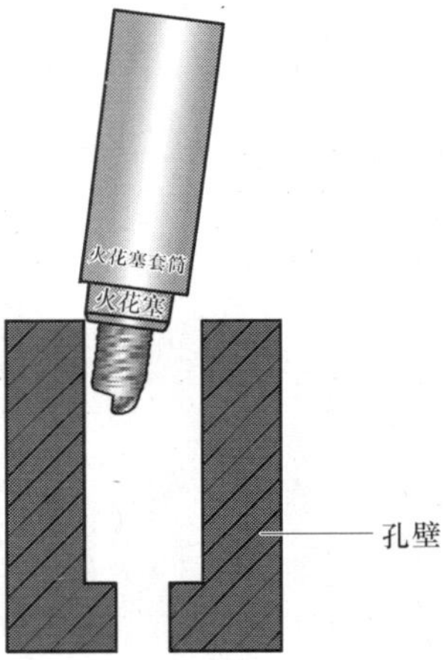

图5-25　安装火花塞注意事项（2）

（2）安装点火线圈总成

1）根据维修手册规定，选用合适工具（吹气枪）。

2）连接吹气枪和压缩空气管路，使用吹气枪依次吹拂火花塞安装孔（图5-26），将火花塞安装孔中的污物吹出来，防止拆卸火花塞后，污物掉入气缸中。

图5-26　使用吹气枪清洁火花塞孔

注意

使用吹气枪清洁火花塞安装孔时，应防止灰尘进入操作人员眼睛。

3）依次将点火线圈垂直插入安装孔，确保完全插入，与火花塞套接良好（图 5-27）。

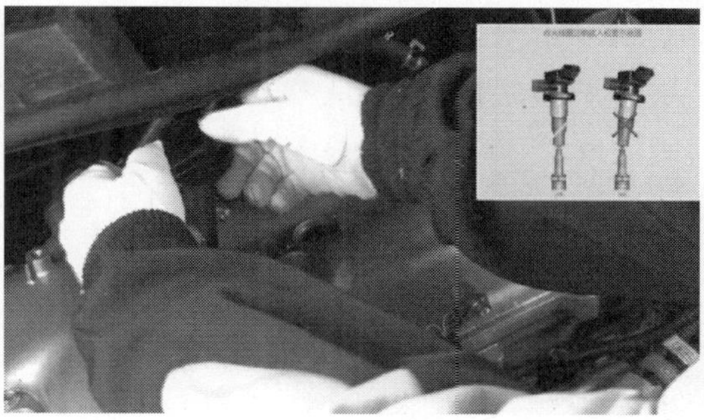

图 5-27　安装点火线圈

注意

① 点火线圈放入时应先对正火花塞头部套接部位，再对准点火线圈总成螺孔，然后垂直压入点火线圈总成。

② 压入点火线圈时应感觉到由松到紧再由紧到松、手完全按下，并且不能再按下时为止。

4）依次安装点火线圈固定螺栓。

5）根据维修手册规定选择合适工具（扭力扳手、10mm 套筒），调整扭力扳手力矩（10N·m），连接组合工具。

6）使用扭力扳手拧紧点火线圈固定螺栓。

7）依次连接点火线圈线束插接器。

（3）安装 2 号气缸盖罩

实践操作 3：高压试火

1）拆卸 4 个点火线圈和 4 个火花塞。

2）断开 4 个喷油器插接器。

3）将火花塞安装到各点火线圈上，并连接点火线圈插接器。

4）将火花塞搭铁。

5）检查发动机起动过程中是否出现火花。

注意

① 检查时将火花塞搭铁。
② 更换任何已受碰撞影响的点火线圈。
③ 不要使发动机起动超过2s。

如果没有出现火花，检查点火系统，首先检查火花塞。

实践操作4：检查火花塞

1. 目视检查火花塞

1）检查火花塞螺纹是否完好（图5-28）。

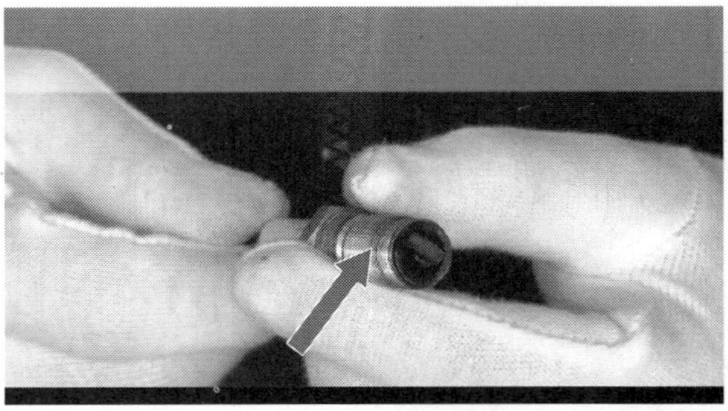

图5-28　检查火花塞螺纹

2）检查火花塞陶瓷部分是否有裂纹（图5-29）。

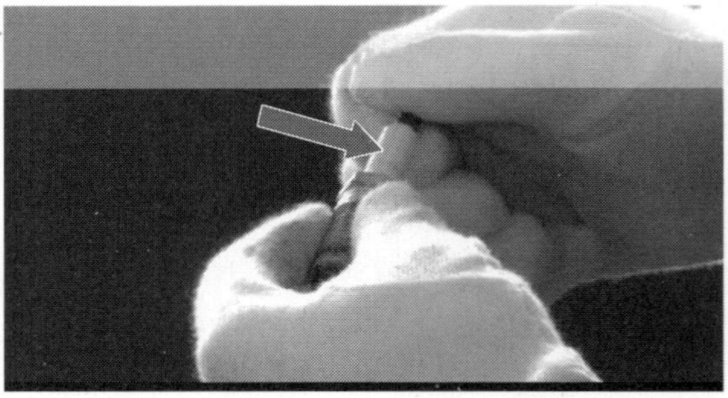

图5-29　检查火花塞陶瓷部分

3）检查火花塞与点火线圈套接部位（图5-30）。

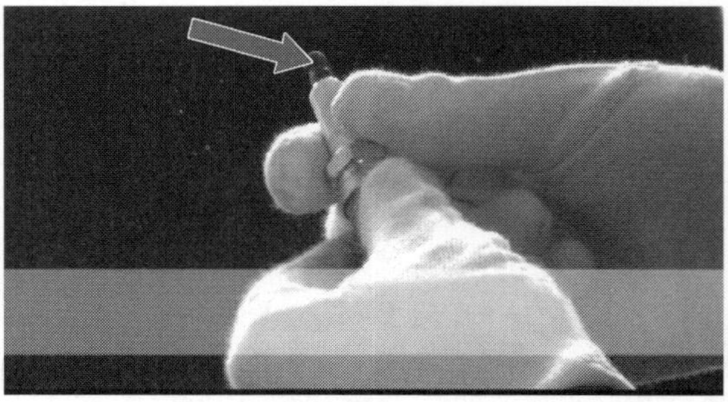

图5-30　检查火花塞与点火线圈套接部位

4）检查火花塞电极状况。

① 若火花塞电极颜色不正常，则根据维修手册规定进行清洁或更换（图5-31）。

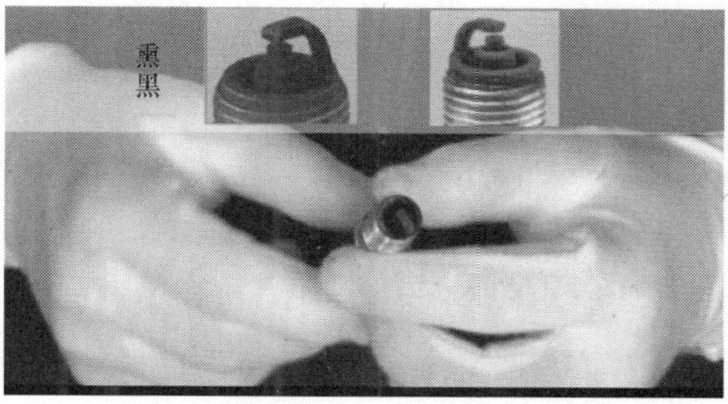

图5-31　检查火花塞电极状况

② 若火花塞烧蚀严重，必须更换火花塞（图5-32）。更换火花塞方法参考本项目实践操作2。

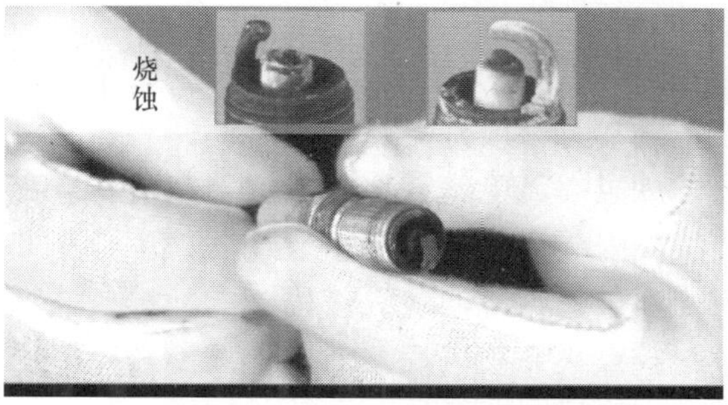

图5-32　检查火花塞电极烧蚀情况

2. 检查火花塞电极间隙

如果间隙过宽，可能会引起缺火；若太窄，可能导致电极过早地被烧蚀。

使用塞尺检查火花塞电极间隙，旧火花塞最大电极间隙为1.3mm；新火花塞电极间隙为0.9～1.1mm（图5-33）。

如果测得的数据不符合标准，则要更换新的火花塞。更换方法参考本项目实践操作2。

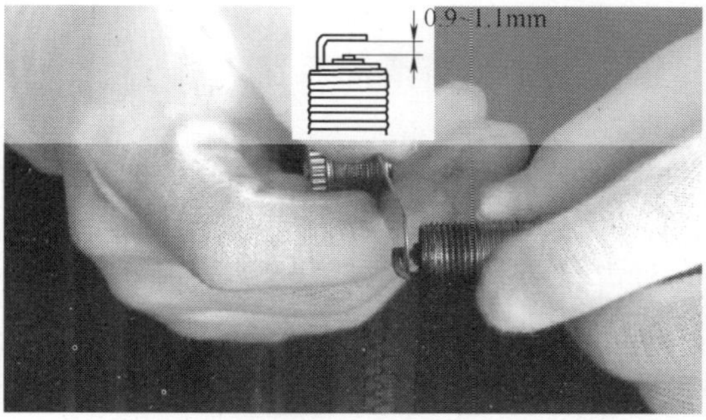

图5-33　检查火花塞电极间隙

实践操作5：检查点火线圈

1）检查点火线圈线束插接器有无损坏、锈蚀（图5-34）。

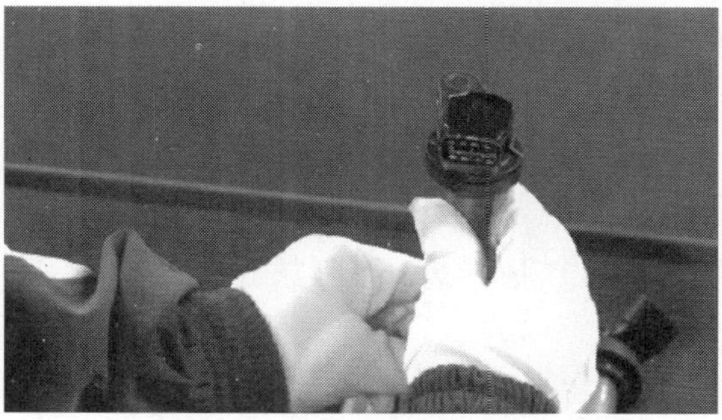

图5-34　检查点火线圈插接器

2）检查点火线圈外观有无损坏、破裂（图5-35）。

3）检查点火线圈与火花塞套接部位橡胶有无损坏、老化、裂纹。

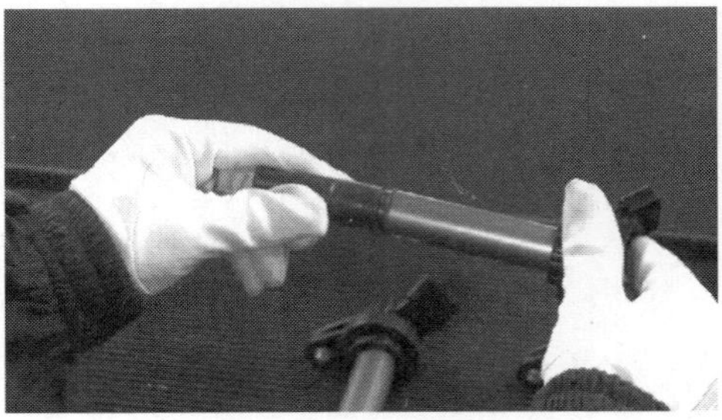

图5-35　点火线圈外观检查

4）检查点火线圈与火花塞套接部位有无烧蚀、锈蚀（图5-36）。

5）如有上述情况，则更换点火线圈。更换方法参考本项目实践操作2。

如果故障仍然存在，采用替换法将新的点火线圈安装后，查看车辆起动状态，如果车辆仍无法起动，说明点火线圈没有故障，需要继续检查点火系统。反之，点火线圈故障，更换新的点火线圈即可。

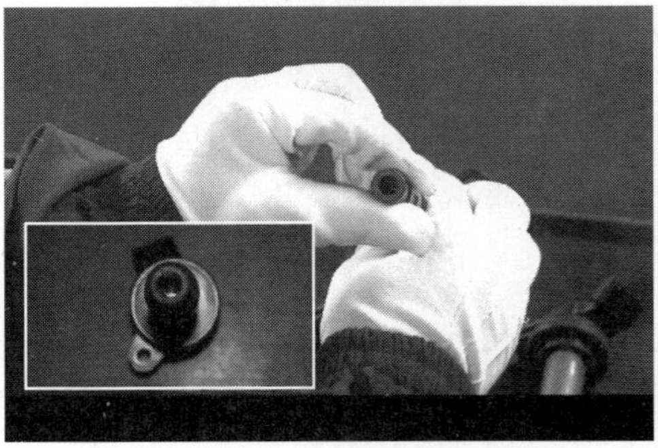

图5-36　检查点火线圈套接部位

第三步：检查燃油系统

1. 检查油箱存油情况

对于发动机无法起动的故障，应先检查油箱存油的情况。接通点火开关，观察仪表盘上的燃油表指针位置或燃油警告灯，若燃油表指针不动或燃油警告灯亮，则说明箱内无油，加满油后检查发动机能否起动。如果仍不能起动，继续检查。

2. 检查燃油压力

实践操作6：燃油系统卸压

关闭点火开关，用棉纱包住燃油滤清器的油管接头，用工具慢慢松开油管接头，利用棉纱吸收从油管接头渗出的燃油，直至燃油系统的残余油压被完全释放，然后再拧紧油管接头。图5-37所示为燃油系统卸压。

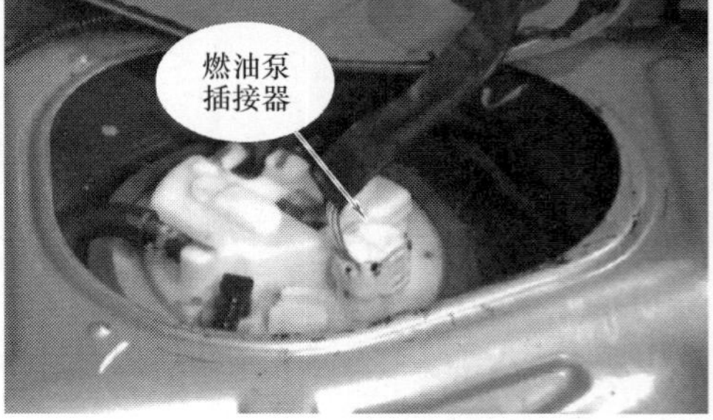

图5-37　燃油系统卸压

实践操作7：测量静态燃油压力

1）打开数字式万用表至电压档，将万用表的红色表笔连接至蓄电池正极，将万用表的黑色表笔连接至蓄电池负极，测量蓄电池电压，正常电压值为11～14V（图5-38）。

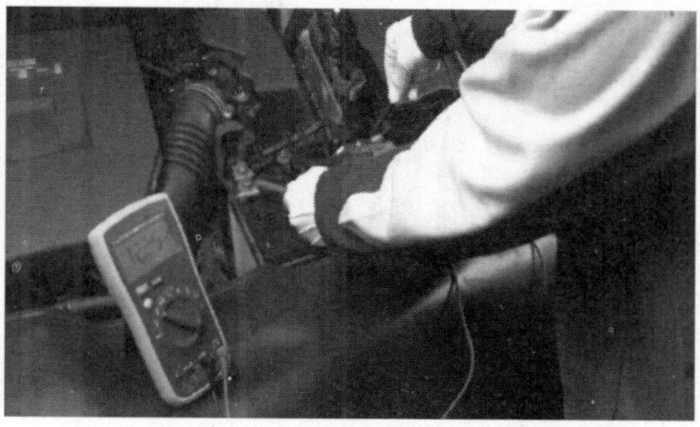

图5-38　检查蓄电池电压

2）根据维修手册，选用10mm套筒和棘轮扳手断开蓄电池负极电缆。

3）从主燃油管上断开燃油软管。

4）根据维修手册，选用燃油压力表；并将燃油压力表连接至燃油管路中。

5）将电缆连接到蓄电池负极端子上，正确使用工具紧固蓄电池负极电缆固定螺栓至维修手册中的规定力矩5.4N·m；并临时恢复燃油泵插接器的连接。

6）起动发动机，测量怠速情况下的燃油压力。正常情况下怠速时燃油压力为304～343kPa（图5-39）。

图5-39　检查系统油压

7）如果燃油压力为0，表示无油压，则进行后面的操作。如果燃油压力正常，则进行下一步操作。

8）检查燃油压力后，正确使用工具，从蓄电池负极端子上断开电缆；从燃油管路上断开燃油压力表，并取下燃油压力表接头。

9）用干净的布对主燃油管进行清洁，并将燃油管重新连接到主燃油管上。

10）重新将电缆接回蓄电池负极端子上，紧固蓄电池负极电缆固定螺栓至规定力矩5.4N·m。

11）检查燃油是否泄漏。

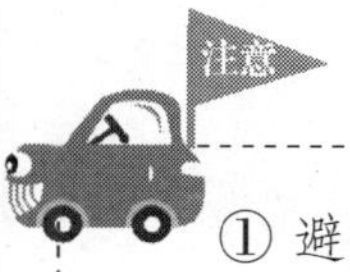

① 避免橡胶或皮质零件接触到汽油。

② 如果蓄电池电压低于11V，在继续操作前应对蓄电池充电或更换蓄电池。

3. 检查电动燃油泵

电动燃油泵不工作也是造成发动机不能起动的最常见原因之一。接通点火开关，应能从油箱口处听到电动燃油泵运转（2～3s）声音；或用手捏住进油管时，能感觉到进油管的油压脉动。如果电动燃油泵不工作，按以下步骤检查燃油泵控制线路：

1）检查燃油泵连接插头是否松动。

2）在燃油泵的两个端子之间施加蓄电池电压，检查并确认燃油泵是否工作。如果燃油泵不工作，则应更换燃油泵。更换方法参考本项目实践操作8。

3）检查燃油滤清器是否脏堵，如果脏堵，应更换。

实践操作8：更换电动燃油泵

1. 拆卸电动燃油泵

1）拆卸后排座椅垫总成。

① 双手握在座椅垫左边固定挂钩处，抬起座椅垫，使左边固定挂钩分离。

② 用同样方法分离座椅垫右边固定挂钩，最后拆下座椅垫总成。

2）拆卸后地板检修孔盖。

① 选择铲刀，切开地板检修孔盖的密封胶，拆卸后地板检修孔盖（图5-40）。

② 断开燃油泵插接器。

3）燃油卸压（参考本项目实践操作6）。

4）断开蓄电池负极电缆。选用合适的工具（棘轮扳手、10mm套筒），拆卸蓄电池负极电缆。

5）清洁燃油吸油盘总成上部。选用吹气枪，清洁燃油吸油盘总成上部的污物或其他异物（图5-41）。

6）拆卸燃油箱主管。

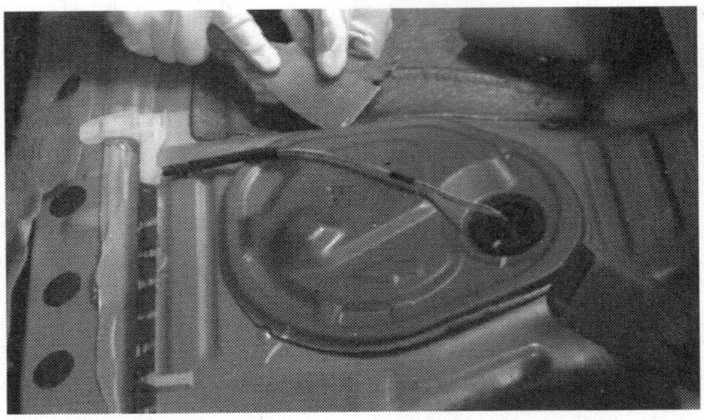

图5-40　切开检修孔处密封胶

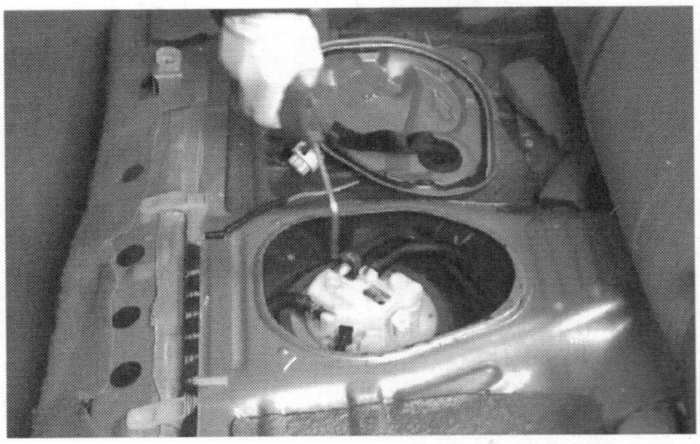

图5-41　用吹气枪清洁

注意

① 拆卸蓄电池负极之前，要记录车辆相关信息（收音机电台、密码、时钟等信息），记录车辆的相关学习值。

② 拆卸蓄电池负极之前，检查点火开关置于“OFF”状态。

③ 拆卸时，不要让工具与蓄电池正极碰到，以防短路损坏用电设备。

① 使用螺钉旋具，拨开燃油管接头固定卡子，用手取出。

② 从燃油吸油管的螺塞上，拉出燃油箱主管的油管接头，用塑料袋套住接头（图5-42），防止异物落入油管内以及油管内的燃油滴漏。

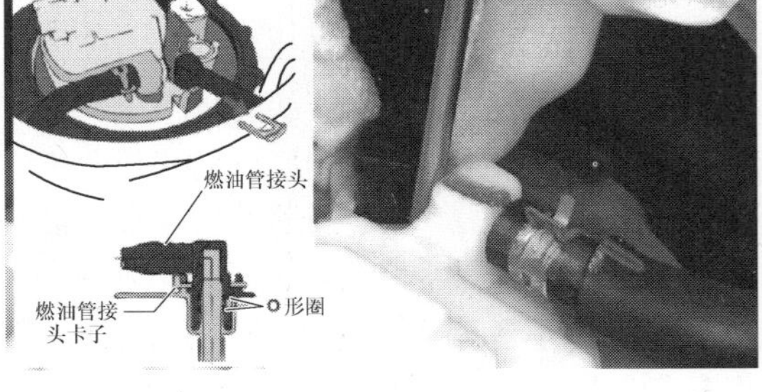

图5-42　堵住油管接头

7）拆卸 1 号燃油蒸发管。

① 选用鲤鱼钳，将卡箍移出阻挡位置。

② 水平向外拉出 1 号燃油蒸发管，用塑料袋套住接口，防止异物落入管内（图 5-43）。

图 5-43　拉出燃油蒸发管

8）断开 1 号炭罐出口软管。向外用力拉出 1 号炭罐出口软管，用塑料袋套住接口，防止异物落入管内。

9）断开 2 号燃油箱蒸发管。

① 选用一字螺钉旋具，将蓝色挡圈向上撬起，然后取下挡圈。

② 向外用力拉出 2 号燃油箱蒸发管，用塑料袋套住接口，防止异物落入管内。

10）拆卸燃油泵及传感器固定圈。

① 选用合适的工具（6mm 六角套筒扳手、燃油泵专用拆装工具）。

② 将专用拆装工具安装到燃油泵及传感器固定圈，正确使用工具拧松固定圈。

③ 取下专用工具，用手取下燃油泵及传感器固定圈（图 5-44）。

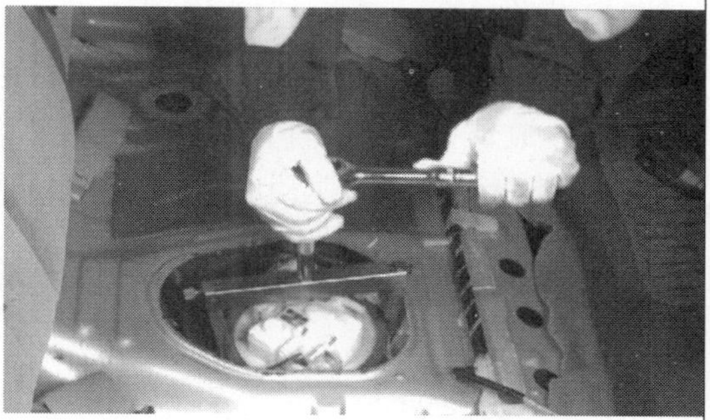

图 5-44　取下燃油泵及传感器固定圈

④ 取下燃油泵及传感器固定圈衬垫。

11）取出燃油吸油管。

① 向上将燃油吸油管总成从燃油箱中取出（图 5-45）。

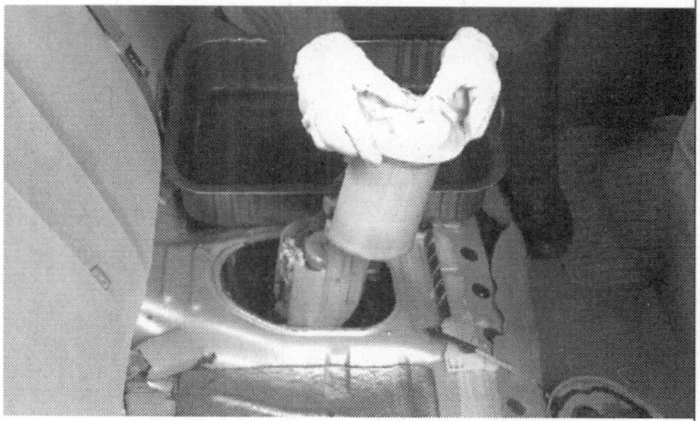

图 5-45　取出燃油吸油管

② 将燃油吸油管放在清洁的零件盘中。

③ 遮挡油箱口，防止灰尘或异物进入油箱。

12）拆卸燃油表传感器总成。

① 按下传感器插接器锁舌，向外拔出线束插接器。

② 从线束上拆下线束保护装置。

③ 滑动燃油表传感器，并将其拆下（图 5-46）。

图 5-46　拆下燃油表传感器

13）拆卸燃油泵（图 5-47）。

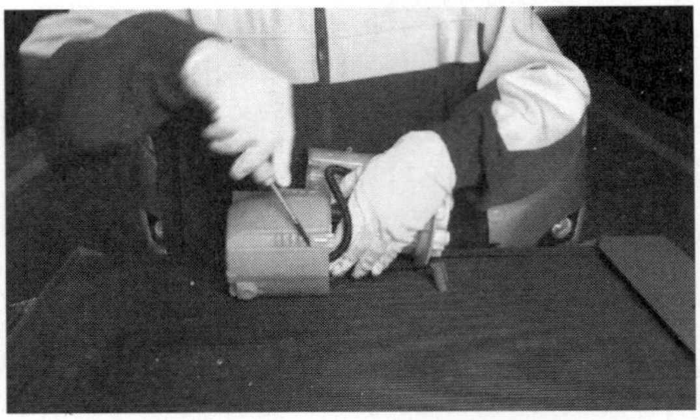

图 5-47　拆卸燃油泵

① 断开燃油泵滤清器软管。

② 选用一字螺钉旋具，用胶布将螺钉旋具头部包好。

③ 用螺钉旋具脱开 2 个卡爪，并从副燃油箱上拆下燃油滤清器和燃油泵。

④ 脱开 2 个卡爪，拆下 1 号吸油管支架。

⑤ 脱开燃油压力调节器上的 2 个卡爪，燃油泵滤清器支架上的 3 个卡爪，取下燃油泵滤清器。

⑥ 往下拿出燃油泵，用手按压下端锁止扣，断开燃油泵线束，拆下燃油泵 O 形圈，把燃油泵放置在清洁零件盘中。

⑦ 使用遮挡物，遮挡油箱口，防止异物进入。

注意

1）燃油泵通电时间要少于 10s，防止线圈烧坏。

2）使燃油泵尽量远离蓄电池。

2. 安装电动燃油泵

1）检查燃油泵。

① 检查新的燃油泵总成零件号是否正确。

② 检查燃油泵总成的表面是否有损伤。

③ 用数字万用表检测燃油泵两个端子之间的电阻，20℃条件下，标准电阻应为 0.2 ~ 3.0Ω，若不符合标准，则更换燃油泵。

④ 在两个端子之间施加蓄电池电压，确认燃油泵工作。

2）安装燃油泵。

① 在新的 O 形圈上涂抹机油，然后将其安装到燃油滤清器上（图 5-48）。

图 5-48　燃油泵 O 形圈涂抹机油

② 连接燃油泵线束插接器，确保连接可靠，然后将燃油泵装入燃油滤清器。

③ 安装燃油滤清器，并接合 5 个燃油泵卡爪。

④ 安装并接合 1 号吸油管支架的 2 个卡爪。

⑤ 将燃油滤清器和燃油泵安装到副燃油箱上，并接合吸油管支架的 2 个卡爪。

⑥ 将燃油泵滤清器软管槽对准副燃油箱的切口并安装软管。

注意

① 安装时，不要对燃油管或吸油管支架施加过大的力。
② 安装时，不要损坏线束。
③ 安装时，注意O形圈要放在正确位置，不要丢失。
④ 安装时，应小心操作，以免损坏燃油管。

3）安装燃油表传感器。

① 连接燃油表传感器时，注意用力方向，避免损坏燃油表传感器。

② 连接燃油表传感器插接器，确保连接可靠（图5-49）。

③ 安装线束保护装置。

④ 连接2个线束卡夹。

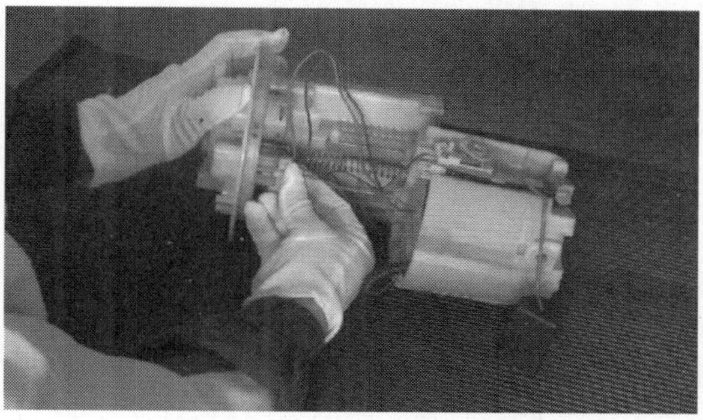

图5-49　安装燃油表传感器插接器

4）安装炭罐和燃油泵。

① 检查燃油泵和传感器固定圈是否有损坏。

② 取下油箱口上的遮挡物。

③ 检查燃油泵和传感器衬垫是否损坏（图5-50）。

④ 将燃油泵和传感器衬垫安装到燃油箱上。

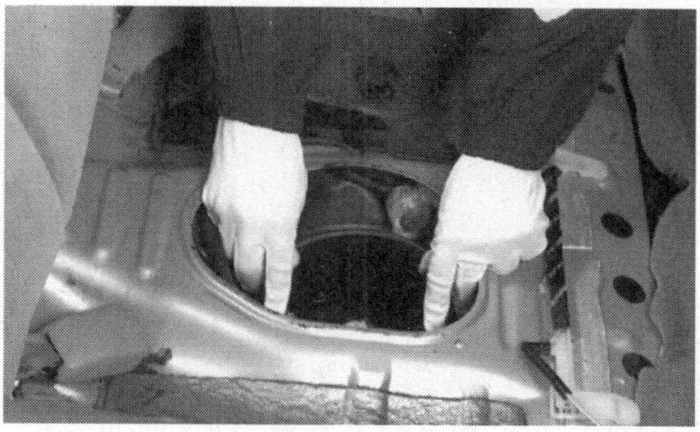

图5-50　燃油泵衬垫外观检查

⑤ 将炭罐凸出部分对准燃油箱槽口，安装炭罐（图5-51）。

图5-51　炭罐安装

⑥ 使用固定圈固定炭罐（图 5-52），并手动将固定圈旋转 180°。

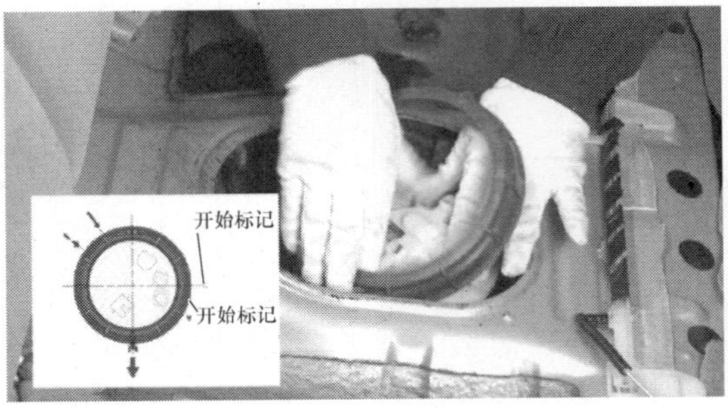

图 5-52　固定炭罐

5）安装燃油泵及传感器固定圈。

① 选用合适的工具（6mm 六角套筒扳手、燃油泵专用拆装工具）。

② 用专用拆装工具安装燃油泵及传感器固定圈（图 5-53），正确使用工具，从燃油箱初始标记紧固燃油泵及传感器固定圈约 450°，使燃油泵及传感器固定圈标记在合适范围内。

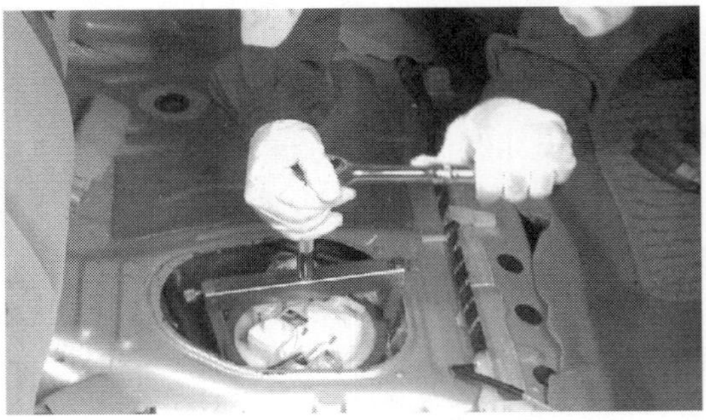

图 5-53　用专用工具安装燃油泵

6）连接 2 号燃油箱蒸发管。

① 取下 2 号燃油箱蒸发管接头的塑料袋。

② 将 2 号燃油箱蒸发管连接到燃油吸油管总成的接口上并卡上蓝色卡夹，确保卡夹锁止可靠（图 5-54）。

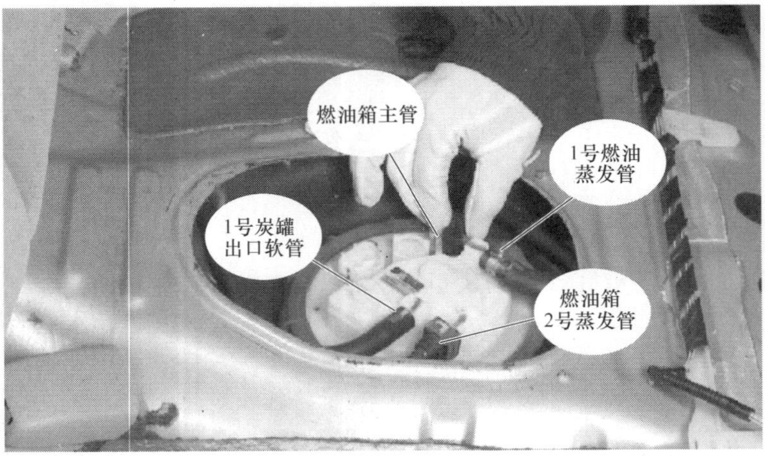

图 5-54　安装蒸发管

7）连接 1 号炭罐出口软管。

① 取下 1 号炭罐出口软管接头的塑料袋。

② 将 1 号炭罐出口软管连接到燃油吸油管总成的接口上。

8）连接1号燃油蒸发管。

① 取下油管接头的塑料袋。

② 将1号燃油蒸发管分总成软管连接到燃油吸油管总成的接口上。

③ 根据维修手册规定，选用鲤鱼钳，将卡箍移至正确的阻挡位置（图5-55）。

图5-55　用鲤鱼钳安装卡箍

9）安装燃油箱主管。

① 取下油管接头的塑料袋。

② 将燃油箱主管分总成软管连接到燃油吸油管总成的接口上，并卡上油管卡夹，确保卡夹锁止可靠。

10）插接燃油吸油管总成线束插接器。

11）连接蓄电池负极电缆。

12）检查燃油是否泄漏。

起动发动机并保持怠速运转一段时间后，关闭点火开关，检查燃油泵输油管连接位置是否有燃油泄漏（图5-56）。

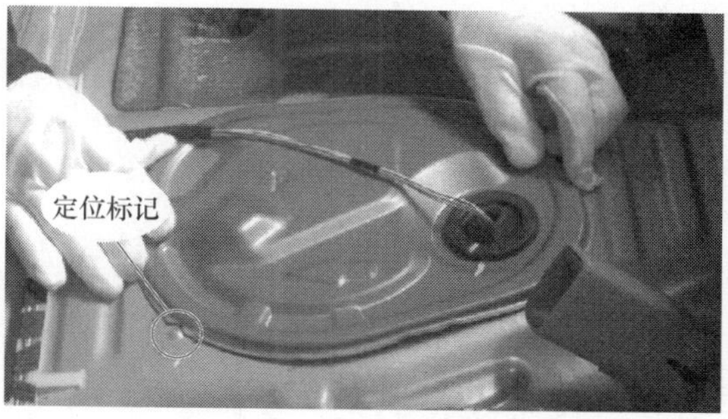

图5-56　检查燃油有无泄漏

注意

① 若检查位置不明显，可用干净的白纸拭擦检查部位的表面。

② 如发现泄漏情况，应立即修复。

13）安装后地板检修孔盖。用新胶带安装后地板检修孔盖，并将后排坐垫的两个前挂钩依次连接到车身上，检查确认坐垫是否安装稳固，确保安装标记对正。

14）安装后排座椅垫总成，将座椅垫两个前挂钩对准安装位置，用合适的力度按下座椅垫，使挂钩捏合，并确保座椅垫安装稳固（图5-57）。

图5-57　安装后排座椅

注意

安装座椅垫时，确保座椅安全带锁扣未压在座椅垫底下。

15）安装燃油箱加注口盖。确保燃油箱加注口盖正常，将燃油箱加注口盖对准燃油加注口拧紧，拧到可以听到“嗒、嗒”声时，停止拧紧。

注意

在对燃油系统进行检查操作时，严禁吸烟或有明火靠近。

4. 检查电磁喷油器

在起动发动机状态下，利用听诊器检查喷油器的脉动声，如果听不到喷油器工作声音，可用 LED 试灯接在喷油器导线插接器上。如果在起动发动机时试灯能亮，则说明喷油器控制系统工作正常，喷油器有故障，应清洗或更换，参考本项目实践操作 9。如果试灯不亮，则说明喷油器控制系统或控制线路有故障，应检查喷油器与电源、ECU 接线是否连接良好。如果外部电路都正常，则可能是 ECU 内部故障。可用替换法确认 ECU 是否故障。

实践操作 9：拆卸喷油器

1）先提起发动机罩后端，再提起发动机罩前端，取下发动机罩。

2）将卡箍移出阻挡位置，分离曲轴箱通风软管（图 5-58）。

3）拆下气门室盖上的两个搭铁线固定螺栓，并断开搭铁线。

4）依次断开四个喷油器插接器。

5）依次断开两个发动机线束固定卡夹和发动机右侧四个线束固定卡夹。

6）拆下发动机线束的两个固定支架。

7）拆下燃油管卡夹，并根据维修手册正确使用专用工具，并在听到“咔”的一声后脱开油管。

8）根据维修手册，选用 10mm 套筒和棘轮扳手，拆下输油管线束支架（图 5-59）。

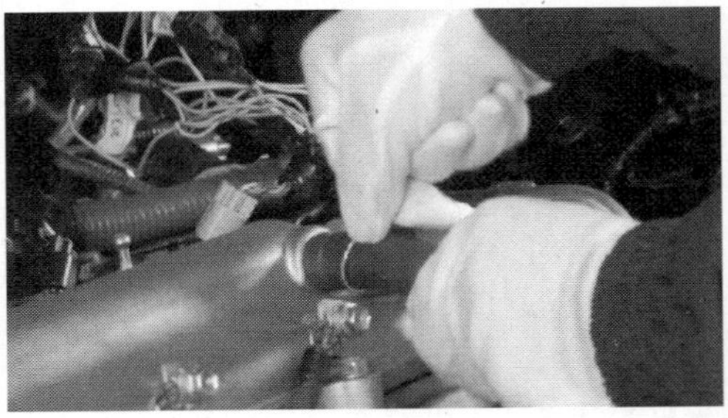

图 5-58　拆下曲轴箱通风管

图 5-59　拆下输油管线束支架

9）根据维修手册，选用 10mm 套筒、接杆和棘轮扳手拆下输油管的两个固定螺栓，并取下输油管和两个输油管隔垫（图 5-60）。

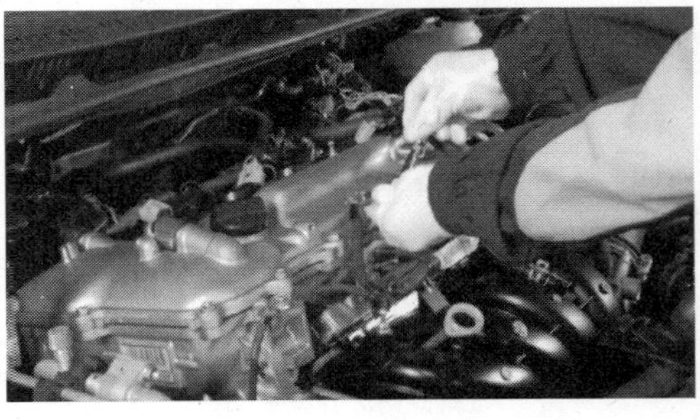

图 5-60　取下输油管固定螺栓

10）从燃油输油管中依次取下四个喷油器（图 5-61），并在喷油器上按顺序进行编号。

11）最后，依次拆下四个喷油器隔振垫，并对喷油器安装孔进行遮挡，防止异物进入。

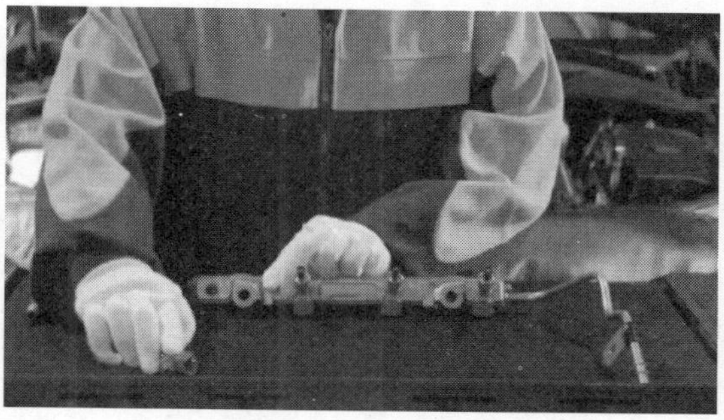

图 5-61　取下喷油器

注意

① 在拔出通风软管时，不要用力过大。先轻轻转动，再慢慢均匀用力拉出。

② 断开喷油器插接器时，先按压锁止扣，当确认锁止装置完全脱离后，方可拔下插接器，禁止在线束端借用外力拔下插接器。

实践操作 10：安装电磁喷油器

1）安装喷油器隔振垫（图 5-62），并在喷油器 O 形圈的接触面上涂抹一薄层汽油并安装到喷油器上。

2）轻轻地左右转动喷油器，以将其安装到输油管上。

图 5-62　安装喷油器隔振垫

3）取下喷油器安装孔上的遮挡，并以正确方向将两个 1 号输油管隔垫安装到气缸盖上。

4）安装输油管及喷油器（图 5-63）。

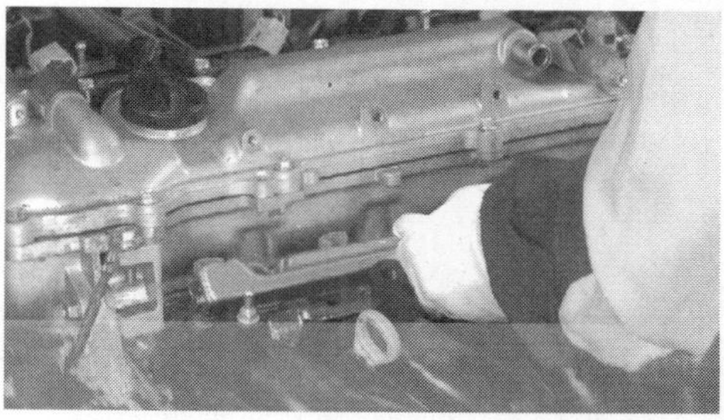

图 5-63　安装输油管及喷油器

注意

安装时，防止喷油器隔振垫掉落。喷油器对准安装孔后，应保持平稳，慢慢放入。

5）安装两个输油管固定螺栓。

6）根据维修手册，选用10mm套筒，接杆和扭力扳手，并调整扭力扳手的力矩至规定力矩21N·m。并使用扭力扳手以规定力矩紧固输油管线束支架固定螺栓。

7）将燃油管插接器插入输油管，直到听到“咔嗒”声，并安装新的燃油管卡夹（图5-64）。

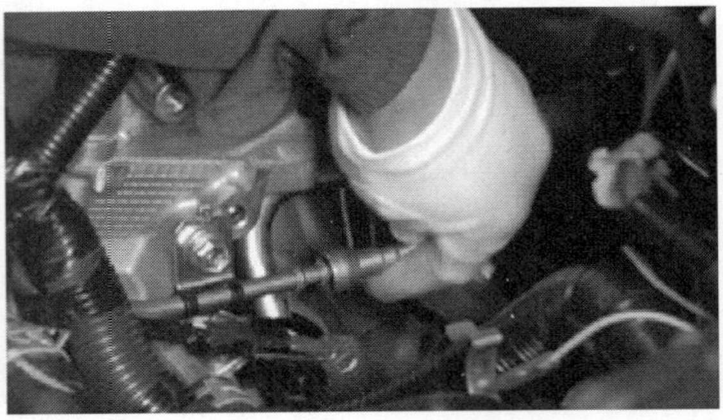

图5-64　将燃油管插入输油管

8）依次安装发动机线束的两个固定支架，并使用扭力扳手以标准力矩21N·m紧固螺栓。依次将四个线束卡夹连接到两个线束固定支架上。

9）依次连接四个喷油器总成的插接器，确保连接牢固（图5-65）。

图5-65　连接喷油器插接器

10）依次将两个线束卡夹连接到线束支架上，连接搭铁线，并紧固固定螺栓。

11）连接气门室通风软管，将卡箍安装到正确的阻挡位置。

12）连接蓄电池负极电缆，并使用扭力扳手以规定力矩5.4N·m紧固蓄电池负极电缆固定螺栓。

注意

安装完蓄电池负极电缆后，需要恢复收音机电台、时钟的设置。重新匹配车辆相关的学习值。

13）检查档位是否处于P档或空档，驻车制动器是否处于制动状态；起动发动机，保持怠速运转1~2min后，关闭点火开关。

14）检查输油总管和发动机主油软管的连接处以及喷油器安装位置有无燃油泄漏，如果燃油泄漏，则必须更换零件。

15）双手握住发动机盖罩，并对正位置，依次按下前、后端，确保发动机盖罩安装到位。

16）用新胶带安装后地板检修孔盖，并将后排坐椅垫的两个前挂钩依次连接到车身上，检查确认坐椅垫是否安装稳固。

第四步：检查进排气系统

1. 检查进气系统管路泄漏情况

实践操作 11：检查进气系统管路泄漏情况

1）拆卸发动机盖罩。

2）静态外观泄漏检查。

① 检查并按压空气滤清器软管总成有无裂纹或损坏（图 5-66）。

图 5-66　检查空气滤清器软管

② 检查通风软管有无裂纹或损坏（图 5-67）。

图 5-67　检查通风管

③ 检查制动助力器真空软管有无裂纹。

④ 检查 PVC 阀软管表面有无皲裂、老化，断裂等现象（图 5-68）。

⑤ 检查各连接软管的卡箍位置是否正确，卡箍是否完好，是否存在松动现象。

图 5-68　检查 PVC 阀软管

⑥ 目测检查进气歧管有无裂纹、破损（图 5-69）。

图 5-69　检查进气歧管

2. 检查空气滤清器

如果滤芯过脏堵塞，可拆掉滤芯后再起动发动机。如能正常起动，则应更换滤芯，更换方法参考本项目实践操作 12；否则进行第一步检查控制部分。

实践操作 12：更换空气滤清器滤芯

1. 拆卸空气滤清器

1）依次提起发动机盖罩的前后两端，取下发动机盖罩。

2）按下空气流量计插接器锁舌，断开空气流量计插接器（图 5-70）。

图 5-70　断开空气流量计插接器

注意

① 若锁止装置无法解除，则尝试边按压锁舌边向内推移，直至锁止装置完全解除方可拔下插接器。

② 禁止以拉拔线束端的方式断开插接器。

3）依次松开空气滤清器盖 2 个固定卡箍（图 5-71）。

4）将卡箍移出阻挡位置，将 2 号通风软管向外拔出，并将其移至适当位置。

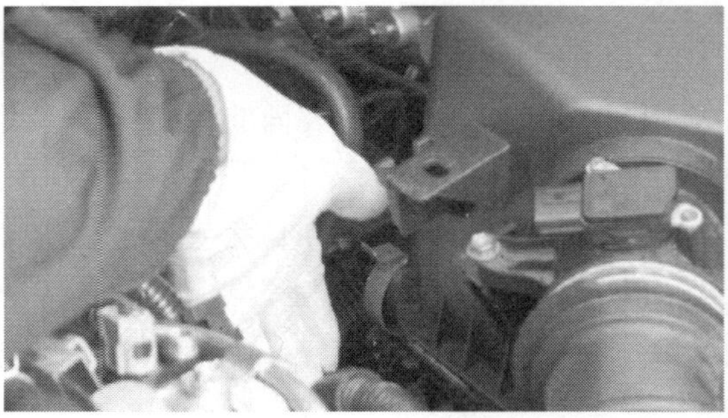

图 5-71　松开空气滤清器固定卡箍

5）根据维修手册，选用 10mm 套筒、接杆、棘轮扳手，正确使用工具松开进气软管与节气门体固定箍带螺栓（图 5-72）。

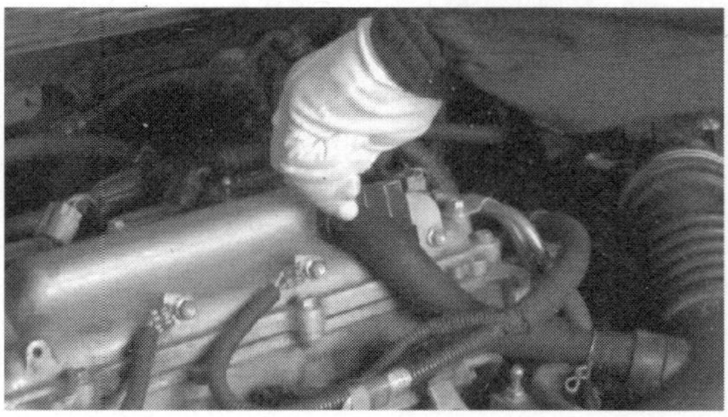

图 5-72　松开节气门体固定螺栓

6）分离进气软管与节气门体的连接，然后取下空气滤清器盖（图5-73）。

7）取下空气滤清器滤芯。

图5-73　取下空气滤清器盖

2. 清洁空气滤清器

1）选用干净棉纱擦拭滤清器盖，然后选用吹气枪吹净滤清器盖。

2）选用干净棉纱擦拭下壳体内壁（图5-74），并使用吹气枪吹净下壳体内壁。

图5-74　清洁空气滤清器壳

3）使用吹气枪，朝着滤芯空气流出方向吹拂滤芯，将滤芯上吸附的沙尘吹净（图5-75）。

图5-75　清洁空气滤清器滤芯

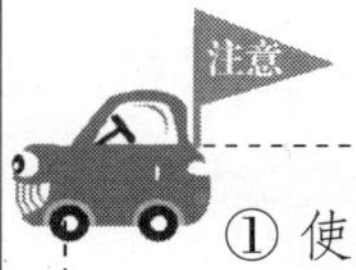

① 使用吹气枪吹拂滤芯时，不要面对人或车辆进行操作。

② 若空气滤清器滤芯已经达到使用里程或过脏、损坏等，则需更换新的空气滤清器滤芯。

3. 安装空气滤清器

1）检查空气滤清器下壳体上的两个卡扣是否有变形或脱落，如有，则应及时更换。

2）检查进气软管是否有破损或老化，若进气软管有破损，则应修复或更换。

3）安装空气滤清器滤芯，安装时，应将有标识的一面朝上放置。

4）将空气滤清器盖与下壳体对正扣合（图5-76）。

5）将进气软管与节气门位置对好并连接，确保连接到位。

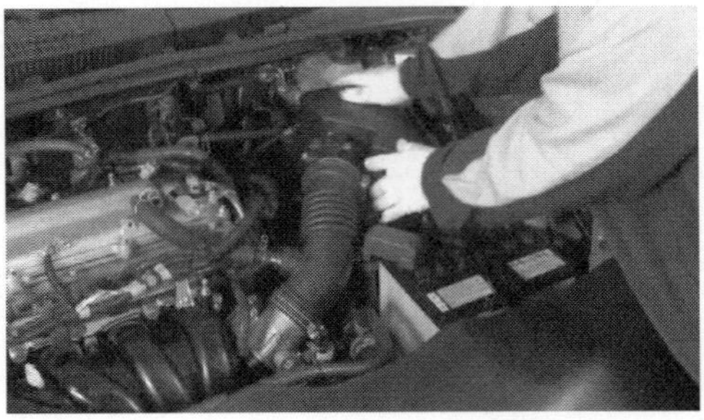

图5-76　扣合空气滤清器盖

6）根据维修手册，选用10mm套筒、接杆、棘轮扳手，正确使用工具拧紧进气软管与节气门体固定箍带螺栓（图5-77）。

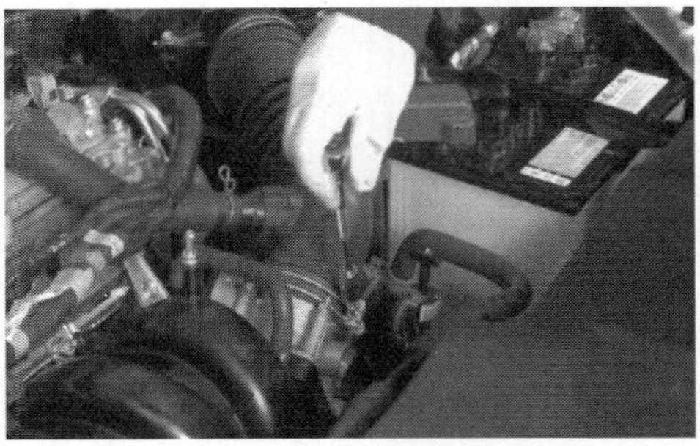

图5-77　拧紧节气门体固定箍带螺栓

7）连接2号通风软管，将卡箍安装到正确的阻挡位置。

8）把卡箍的浮动端搭在滤清器盖的凹槽内，依次按下卡箍，确保卡紧空气滤清器盖。

9）插接空气流量传感器插接器，确保插接器锁止可靠。

10）双手握住发动机盖罩并对准安装位置，对角依次按下发动机舱盖前后端，确保安装可靠。

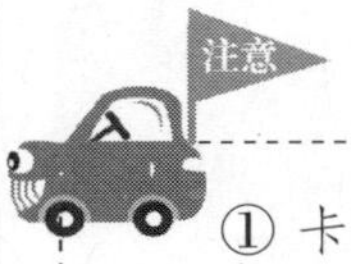

① 卡紧卡箍时要确保滤清器盖与下壳体对正扣合。

② 卡紧卡箍前要检查卡箍的浮动端一定要落入对应的凹槽内，才能保证卡箍卡紧。

3. 检查三元催化器

拆卸三元催化器检查其是否堵塞。将三元催化器及后方排气管拆卸后，起动发动机，如果发动机能正常起动，说明排气管三元催化器堵塞，应清洗或更换；如果发动机仍不能起动，继续后面的检查项。

实践操作13：清洗三元催化器

使用专门的三元催化清洗剂对三元催化器进行清洁，清洗液应通过专用设备由进气歧管吸入发动机，通过燃烧室、排气管到达三元催化器，在一定温度下，与三元催化器表面的覆盖物发生化学反应，以达到清洁目的。清洗步骤如下：

1）打开发动机点火开关，起动发动机，待发动机冷却液温度表显示冷却液温度正常后关闭点火开关。

2）将三元催化清洗剂倒入配套的专用设备内，并将设备的一端套入进气歧管内。

3）起动发动机并保持怠速运转，打开流量控制阀，将清洗剂缓慢滴入进气管道内，清洗时间为 30 ~ 40min。

4）清洗完毕后保持发动机转速 3 ~ 5min，脏物被溶解或强氧化后由排气管排出。

维修完成后，检验维修质量，并进行车辆最终检查，清洁、整理工量具，清洁、整理场地。

第五步：检查机械部分

1. 检测气缸压力

实践操作 14：检测气缸压力

1）发动机暖机。

2）拆下点火线圈与火花塞。

3）断开 4 个喷油器线束插接器。

4）选用气缸压力表，观察气缸压力表是否完整，指针是否归零，气压阀开关开闭是否正常，正确组装气缸压力表附件。

5）将气缸压力表的测量杆橡胶密封塞对正火花塞安装孔（图 5-78），将其压紧，确保与火花塞孔密封良好。

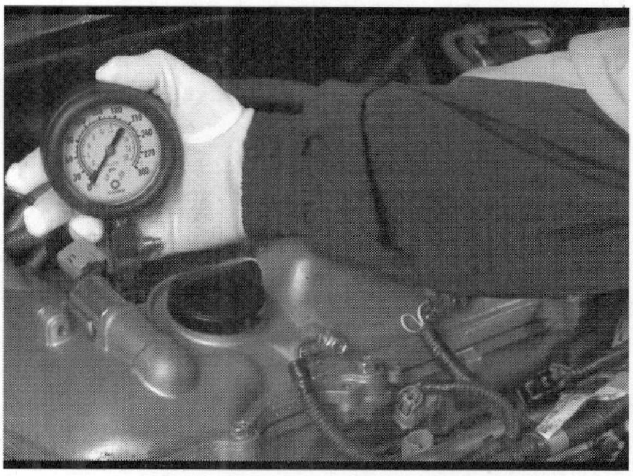

图 5-78　将气缸压力表的测量杆橡胶密封塞对正火花塞安装孔

6）踩下加速踏板，起动发动机，运转发动机的同时测量气缸压力，以同样的方法依次测量四个缸的压力，每缸测量2 ~ 3 次（图 5-79）。

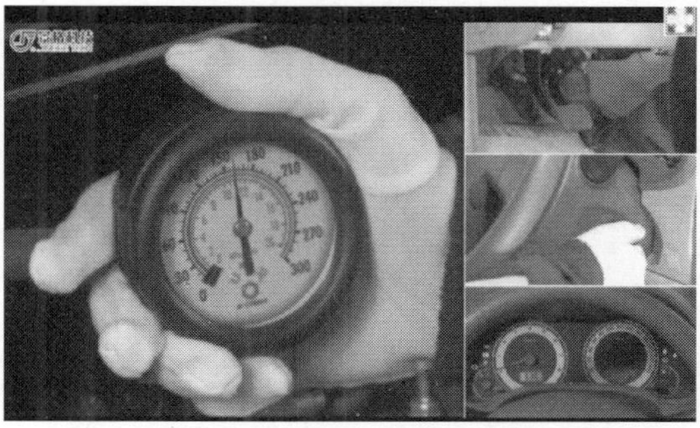

图 5-79　测量四个缸的压力

7）读取并记录数据，与维修手册中的数据对比。

8）如果测得所有气缸压力全部偏低，且里程表显示行车里程很长，则可能是气缸严重磨损。

9）如果测得某一缸的气缸压力偏低，向气缸中加入少量机油，再次进行测量，如果压力回升，说明活塞环损坏，需要进一步检查活塞环。

10）如果压力继续偏低，说明气门卡滞或未正确就位，或者气缸盖衬垫漏气，需要检查气门或者气缸盖衬垫。

11）连接四个喷油器线束插接器。

12）安装点火线圈与火花塞。

注意

在尽可能短的时间内测量气缸压力，此时发动机依靠起动机的带动运转，如果时间过长可能损坏起动机。

2. 检查气门

（1）拆卸气缸盖

实践操作15：拆卸气缸盖

1）根据维修手册，选用10mm六角套筒、接杆、指针式扭力扳手，正确组合工具。

2）按手册规定顺序，分次拧松气缸盖螺栓（图5-80）。

3）依次取下螺栓，使用磁棒吸取平垫圈，按顺序摆放好。

4）使用一字螺钉旋具，在头部缠上胶带，在维修手册规定的撬松部位，撬松气缸盖。

5）抬下气缸盖，平稳放到垫有布的枕木上。

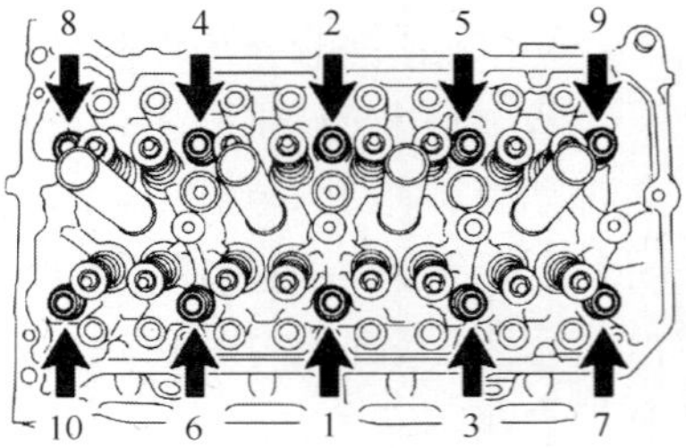

图5-80 分次拧松气缸盖螺栓

注意

1）在使用头部缠有胶带的螺钉旋具时，小心不要损坏气缸盖与气缸体之间的接触面。

2）保证受力方向垂直于气缸盖与气缸体接触面向上。

（2）更换气门

实践操作16：更换气门

1. 拆卸气门

1）选择气门拆装钳，并将其安装在需要拆卸的气门上。

2）逐渐压紧气门弹簧，使气门锁片露出。

3）使用磁棒，依次取出2个气门锁片。

4）拧松气门拆装钳并取下，依次取出气门弹簧座圈和气门弹簧。

5）将气缸盖侧立放在枕木上，取下气门。

2. 检查气门

1）检查气门是否有破损、裂纹、溶蚀、烧蚀等损失，如果有，则更换气门。

2）检查气门杆是否弯曲，气门头部是否歪斜，如果有则更换气门。

3）检查气门杆尾部是否有磨痕或疤痕，如果有，则用砂轮修磨，如果磨损超过极限，则更换气门。

3. 安装气门

1）将气缸盖侧立，用压缩空气清洁表面与气门导管，在气门杆上涂一薄层机油，装入气门导管。

2）将气缸盖平放，依次安装气门弹簧、气门弹簧座圈，用气门拆装钳压缩气门弹簧，使气门杆端部环槽露出（图 5-81）。

3）安装 2 个气门锁片，缓慢松开气门拆装钳，使锁片可靠落座，并取下气门拆装钳。

4）用塑料锤轻敲气门杆顶部，以保证气门弹簧、气门座圈、气门锁片安装到位。

图 5-81　使气门杆端环槽露出

（3）更换活塞环

实践操作 17：更换活塞环

1. 拆卸活塞连杆组

1）检查并确认连杆和连杆盖上的装配标记，若无标记，应在连杆轴承盖上做好标记。

2）选用指针式扭力扳手，旋松螺栓。

3）选用 14mm 套筒、接杆、棘轮扳手，正确组合工具，拧松螺栓，但不要取下螺栓。

4）用手握紧螺栓头部，摇动连杆轴承盖并取下。

5）选用塑料锤，用木柄轻轻敲击连杆大端，退出活塞连杆组并用手取下（图 5-82）。

图 5-82　取下活塞连杆

2. 拆卸活塞环

1）选用活塞环扩张器，拆下 2 个气环（图 5-83）。

2）用手拆下油环刮片和油环弹簧。

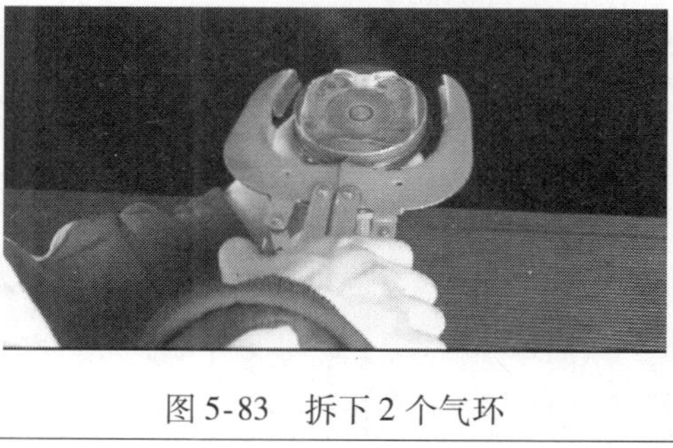
图 5-83　拆下 2 个气环

3. 测量活塞直径

在距离活塞裙部12.6mm处，用千分尺测量与活塞销孔成直角的活塞直径（图5-84），正常直径应为80.461～80.471mm，如果测得的直径不符合标准，则应更换活塞。

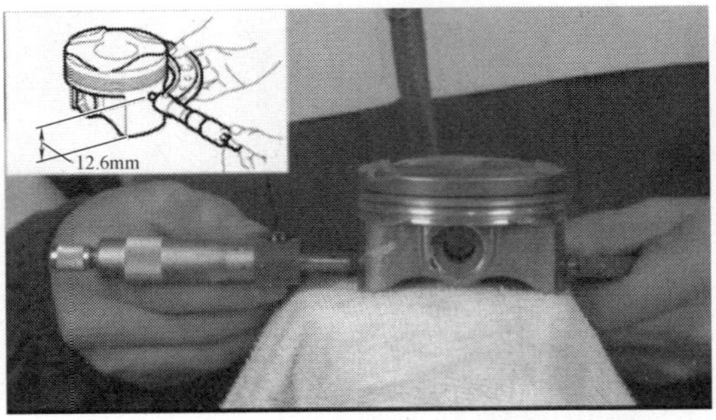

图5-84　用千分尺测量与活塞销孔成直角的活塞直径

4. 测量活塞环间隙

1）把1号环放在环槽内，轻轻转动一周，活塞环应能自由移动，无阻滞现象。

2）选择合适的塞尺进行测量（图5-85），正常的环槽间隙应为0.02～0.07mm，如果不符合标准，则应更换活塞。

3）用同样的方法测量2号环和油环的环槽间隙，2号环的环槽间隙标准为0.02～0.06mm，油环环槽间隙标准为0.02～0.065mm，如果不符合标准，则应更换活塞。

图5-85　测量活塞侧隙

5. 测量活塞端隙

1）用压缩空气吹净气缸壁。

2）把1号活塞环放在气缸体顶部，用活塞将活塞环向内推动超过50mm。

3）选用塞尺进行测量（图5-86），1号环端隙最大为0.5mm，标准为0.2～0.3mm，若不符合标准，则更换活塞环。如果更换新的活塞环之后，端隙仍不符合标准，则更换气缸体。

4）用同样的方法测量2号环和油环的端隙，2号环端隙最大为0.7mm，标准为0.3～0.5mm；油环端隙最大为0.7mm，标准为0.1～0.4mm。

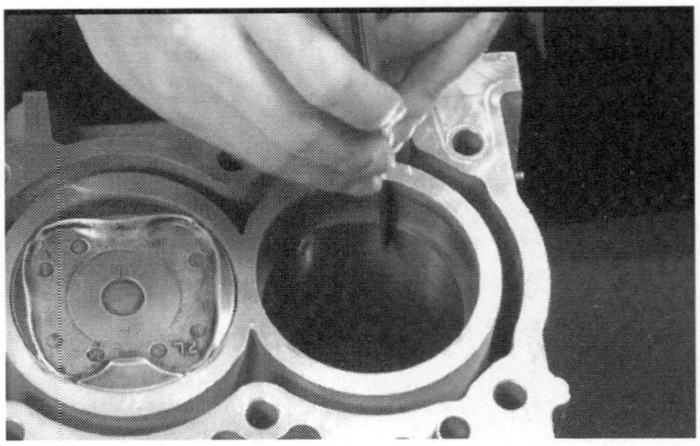
图5-86　测量活塞端隙

6. 安装活塞环

1）用手安装油环弹簧、下刮油环、上刮油环。

2）选择活塞环扩张器，安装2个气环，安装时注意将气环上的标记朝上。

3）在所有活塞环端口位置加注润滑油，用手将活塞环转动一周。

4）1号气环与2号气环端口成180°，并与曲轴轴颈成逆时针方向45°（图5-87）。

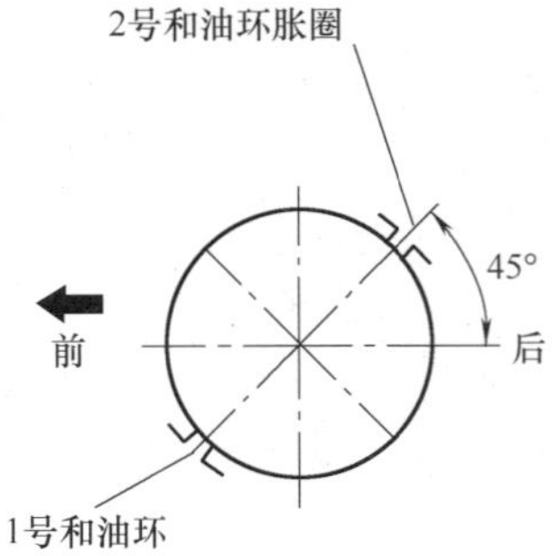

图5-87　安装活塞环

5）选用活塞环卡箍，在活塞头部安装并旋紧卡箍，将活塞轻轻放入气缸内，用木锤轻轻将活塞推入气缸内。

6）选用 10mm 套筒、接杆、扭力扳手，正确组合工具。

7）先用手旋入螺栓，然后以 20N · m 的力矩拧紧螺栓。

8）用红色油漆在螺栓上做一个标记，再用指针式扭力扳手紧固 90°。

（4）检查气缸垫

1）选用铲刀取下气缸垫（图 5-88）。

2）检查气缸垫型号是否与原厂一致，检查表面是否平整，是否有划痕、凹陷、褶皱、锈污等，包边贴合是否牢固。

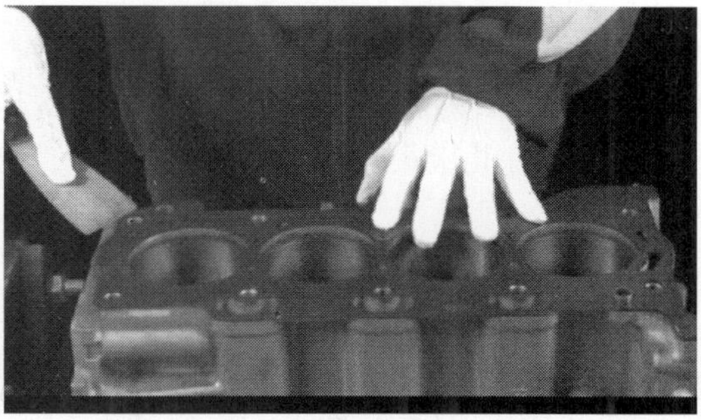

图 5-88　选用铲刀取下气缸垫

3. 检测配气正时

检查正时链条上的彩色链节和带轮上的标记是否对齐。凸轮轴、曲轴正时记号，如果没有对齐，需要拆下链条，重新对正标记。

项目评价（见附录 A）

项目六 06

发动机起动困难

项目导入

维修车间接到一辆2010年产的卡罗拉1.6MT故障车，行程8万km。用户反映该车起动不正常，有时可以起动，有时要打好几次火才能起动（图6-1）。请根据故障特征检查并维修该车。

图6-1　发动机起动困难故障

学习目标

【技能目标】

1）能通过与客户交流、查阅相关维修技术资料等方式获取车辆信息。

2）能根据故障现象制订正确的维修计划。
3）能根据维修计划合理地组织协调维修作业。
4）能正确使用工具、量具及检测维修设备。
5）能正确选择诊断设备对发动机起动困难故障进行诊断。
6）能正确记录、分析各种检测结果并做出故障判断。
7）能按照正确操作规范进行相关部件的更换。
8）能按照维修标准对修复质量进行检查验收。
9）能对本次维修实践活动予以合理评估。
10）能根据环保要求，正确处理对环境和人体有害的废料和损坏零部件。

【知识目标】

1）掌握电控汽油发动机燃料供给系统的组成。
2）熟悉燃料供给系统的工作过程。
3）了解燃油供给各项装置的基础知识。

知识准备

1. 电控汽油发动机燃料供给系统的组成及工作原理

汽油发动机燃料供油系统是由电动燃油泵提供足够压力的燃油，并由发动机控制单元ECU依据进气量的多少、转速以及其他传感器参数，控制喷油器将定量的汽油喷入进气歧管，与经滤清器滤清后的新鲜空气混合后进入气缸，被点燃做功后，将燃烧产生的废气排至大气中。

电控燃油供给系统主要由传感器、电控单元（ECU）和执行器三大部分组成，如图6-2所示。各种传感器将发动机进气参数、工作参数转化为电信号后输送给ECU，ECU经过分析、判断、比较和计算后，向执行器发出指令，由执行器控制发动机的工作，使发动机的动力性、经济性和排放始终处于最佳状态。

ECU主要根据空气流量传感器提供的进气量信号确定基本的喷油量，再根据其他传感器（如冷却液温度传感器、节气门位置传感器）信号对喷油量进行修正，能有效控制混合气空燃比，使发动机在各种工况下空燃比达到较佳值、在各种运行工况下均能获得最佳浓度的混合气，从而实现提高功率、降低油耗、减少排气污染等功效。

2. 燃料供给系统的工作过程

电动燃油泵将油箱中的汽油加压后，经进油管流入燃油滤清器，滤除其中杂质后进入燃油分配管。ECU依据空气流量计、转速、节气门位置传感器和冷却液温度传感器等信号，

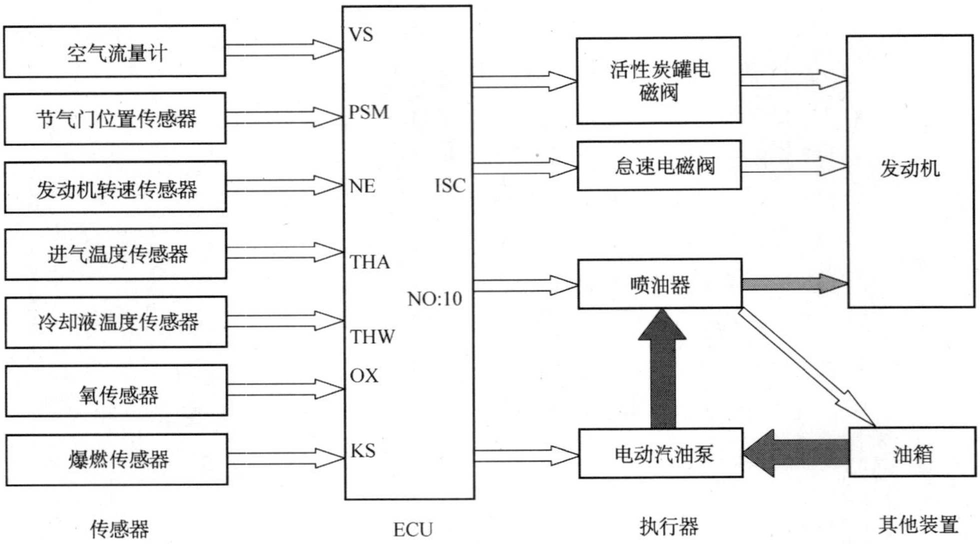

图 6-2　电控燃油供给系统组成

进行分析、计算、比较，控制喷油器适时开启，将定量、定压的汽油喷入进气歧管，与经空气滤清器滤清后的新鲜空气混合进入气缸，进入气缸的混合气被火花塞产生的火花点燃，燃烧做功，产生的废气经排气管排出；而多余的汽油经回油管流回到油箱。为降低排气污染，提高发动机经济性，排气管内装有氧传感器，以检测排气中氧含量，确定混合气过浓还是过稀，然后向 ECU 反馈相应的电信号，并及时对喷油量进行校正。温度较低时，汽油不易蒸发，混合气不易形成，怠速不稳，为加快暖机，故设有怠速控制阀。当发动机冷却液温度低时，怠速旁通阀开度增大，空气量增加，ECU 控制喷油器使喷油量增加，怠速提高；随着冷却液温度升高，怠速旁通阀开度逐渐减小，进气量和喷油量也相应减小，怠速逐渐降低，直至达到正常怠速（图 6-3）。

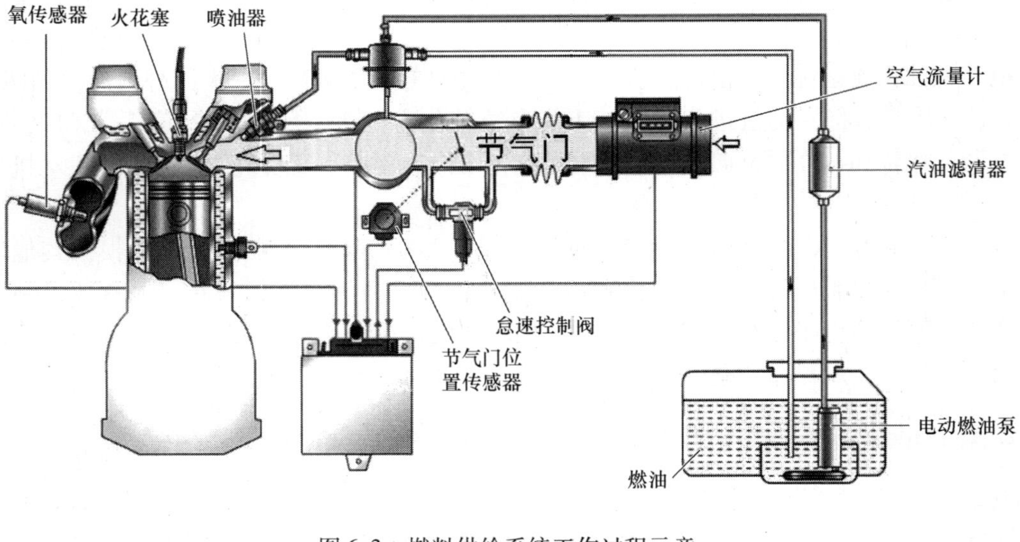

图 6-3　燃料供给系统工作过程示意

故障分析

发动机起动困难，最常见的原因是混合气比例失调。如果进气系统供气不足或燃油系统供油不足，均会引起发动机起动困难。传感器故障或气缸压力偏低也会造成发动机起动困难。归纳故障原因可能是：控制部分故障、点火系统故障、供给系统故障和机械部分故障。下面我们来具体分析。

1. 控制部分故障分析

控制部分常见故障为传感器故障，主要检查方法是使用汽车故障诊断仪读取故障码和数据流，根据故障码和数据流确认并排除故障。引起发动机起动困难的传感器有：空气流量传感器、冷却液温度传感器、曲轴位置传感器和凸轮轴位置传感器等。

2. 点火系统故障分析

点火系统故障导致发动机起动困难的主要原因是点火火花的强弱。所以诊断故障时，应检查高压线是否有火花及火花的强弱程度，确认点火系统是否故障。

造成点火火花弱的原因通常有：火花塞故障、点火线圈故障、点火模块故障、点火控制线路连接不良、传感器故障和点火正时。点火系统最容易损坏的零件是火花塞，应重点检查。传感器故障需要使用故障诊断仪读取故障码，根据故障码排除对应故障。点火正时故障需要检查机械部分的正时带。

3. 供给系统故障分析

供给系统中的燃油系统和进、排气系统，为发动机提供基本的动力原料。供给系统正常工作是保证发动机良好运行的关键。燃油系统供油不良和进气系统供气不良，均会造成发动机起动困难。

燃油系统故障主要是油压不足。故障原因可能是：油箱油量不足、电动燃油泵故障、喷油器故障和油路有堵塞。

导致发动机起动困难的进、排气系统的故障多表现为空气滤清器堵塞、进气系统漏气、三元催化器堵塞和怠速控制故障。

4. 机械部分故障分析

若上述检查均为正常，则应进一步检测发动机气缸压力。

实施路径

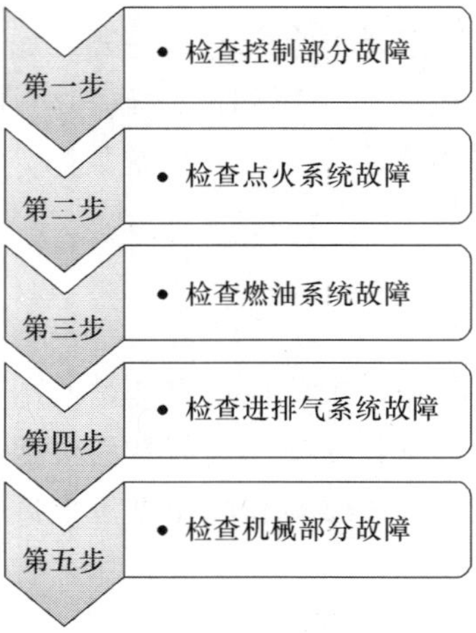

实施方案

1）课时建议：10 学时（按实际维修工时要求）。
2）教学环境：理实一体化教学实训中心。
3）质量要求：参照厂家的质量标准要求。
4）组织方式：学生自由组合，每 4 ~6 位同学为一组。
5）生产准备，每组配备的工具及设备：
① 场地：装有废气抽排系统和消防设施的实训维修车间。
② 举升机、安全支座、套装常用工具。
③ 卡罗拉轿车、维修作业台等。
④ 仪器：故障诊断仪、万用表。
⑤ 耗材：清洁布、清洗液等。
6）实训作业要求（见附录 B）。

实施步骤

在进行故障诊断与维修之前，应首先尝试起动发动机，仔细观察车辆状况，确认故障现象。根据故障特征初步判断可能发生的故障区域。

第一步：检查控制部分故障

使用汽车故障诊断仪读取故障码，参见项目一相关的检查步骤操作。若没有发现故障码，则进行下一步检查。

第二步：检查点火系统故障

进行高压试火，如有火花出现，则进行下一步检查。

第三步：检查燃油系统故障

检查主要包括两项，即燃油压力和燃油流量。燃油压力由机械系统负责，燃油流量由电控系统和燃油滤清器以及喷油器的洁净程度负责。

1. 检查油箱存油情况

发动机起动困难的故障，应先检查油箱存油的情况。接通点火开关，观察仪表盘上的燃油表指针位置或燃油警告灯，若燃油表指针不动或燃油警告灯亮，则说明箱内无油，加满油后应检查发动机能否起动。若试车车辆仍不能起动，则继续下面的检查。

2. 检查燃油管路

燃油管路的检查，主要是检查各油管是否有泄漏，参考本项目实践操作1。

实践操作1：燃油系统泄漏检查

1. 燃油管路检查

1）拆卸发动机盖罩。依次提起发动机盖罩前后两端，取下发动机盖罩（图6-4）。

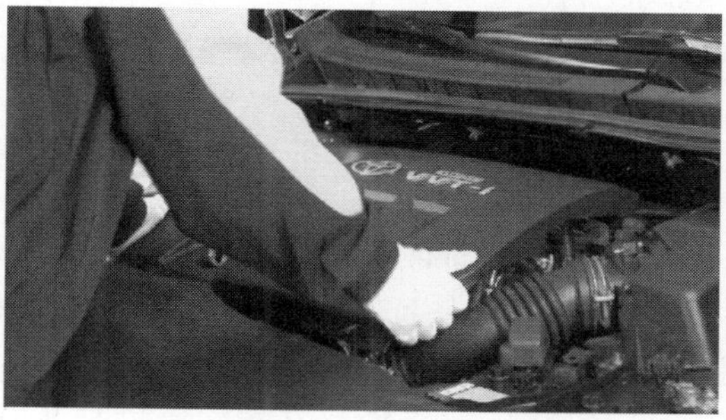

图6-4 取下发动机盖罩

2）检查发动机燃油管路。

① 起动发动机，运行1～2min后，关闭发动机。

② 检查发动机主油软管与燃油分离软管的连接处有无泄漏。

③ 检查输油总管与发动机主油软管的连接处有无泄漏（图6-5）。

图6-5 检查燃油总管与主油软管连接

注意

① 若渗漏部位不明显，则可使用干净的白纸擦拭检查部位的表面，检查是否有燃油泄漏。

② 在检查过程中，如有发现燃油泄漏，则要立即对其修复。

③ 对于隐蔽部位（如：活性炭罐连接管）和没有系统油压的连接密封部位，可使用尾气分析仪进行检查。

2. 检查喷油器安装位置

检查喷油器安装位置是否有燃油泄漏。

3. 检查燃油泵安装位置及燃油泵输油管

1）用双手以合适的力度使后排座椅垫的左右挂钩分离，并拆下后排座椅垫总成（图6-6）。

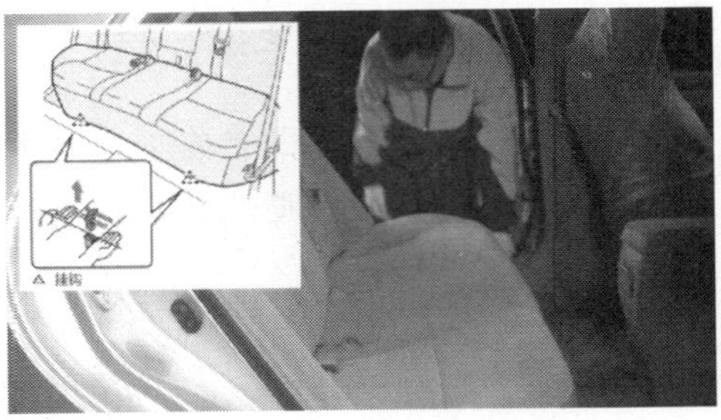

图6-6　拆下后排座椅垫总成

2）选用铲刀铲开地板检修孔盖的密封胶（图6-7），拆卸后地板检修孔盖。

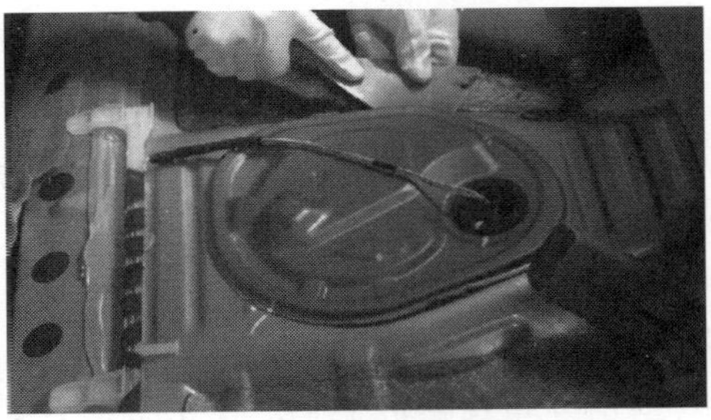

图6-7　用铲刀铲开密封胶

3）检查燃油管与燃油泵间有无泄漏（图6-8），检查燃油泵与燃油箱的连接位置有无燃油泄漏。

4）安装后地板检修孔盖，对准后地板检修孔进行安装，确保安装标记对正。

5）安装后排座椅垫总成，将座椅垫两个前挂钩对准安装位置，用合适的力度按下座椅垫，使挂钩捏合，并确保座椅垫安装稳固。

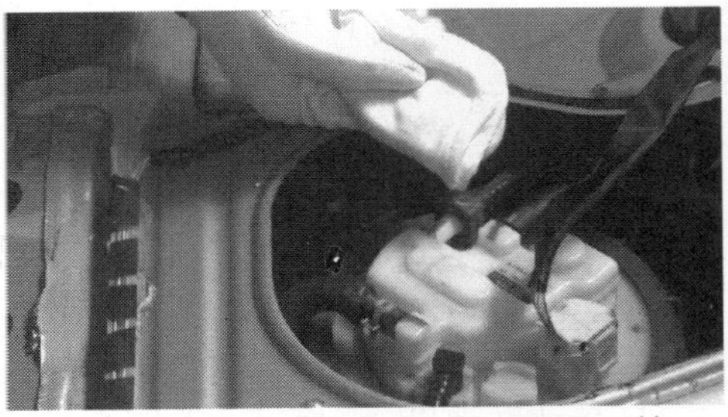

图6-8　检查燃油管与燃油泵间有无泄漏

注意

安装座椅垫时，确保座椅安全带锁扣未压在座椅垫底下。

4. 检查燃油加注口盖

1）拉起燃油箱盖释放按钮，打开燃油箱盖（图6-9）。

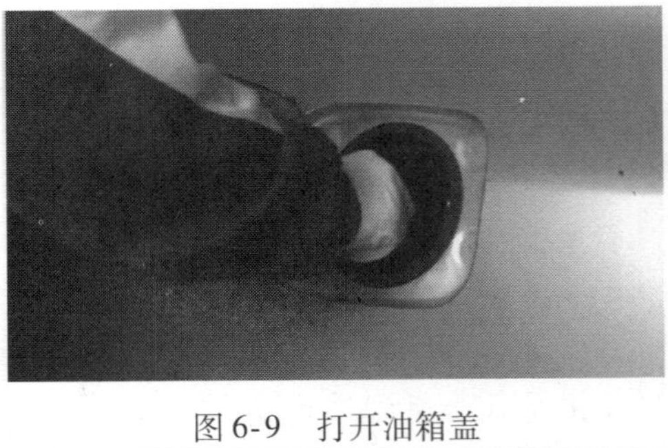

图6-9　打开油箱盖

2）按下燃油加注口盖，并逆时针旋出燃油加注口盖。

3）检查燃油加注口盖是否有油污（图6-10），密封圈是否老化、变形，如有，应及时更换。

4）确保燃油加注口盖正常，将燃油加注口盖对准燃油加注口拧紧，拧到可以听到“嗒、嗒”声时，停止拧紧。

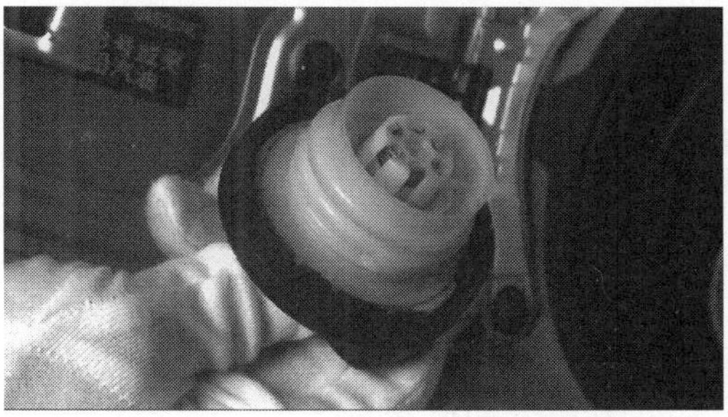

图6-10　检查燃油加注口盖

注意

在对燃油系统进行检查操作时，严禁吸烟或有明火靠近。

5）关闭燃油箱盖，确保关闭到位。

5. 检查燃油箱及燃油输送管

1）根据举升机操作规范举升车辆至合适位置（图6-11）。

图6-11　举升车辆

2）燃油箱检查：

① 目视检查燃油箱表面有无燃油泄漏情况。

② 使用干净的白纸，擦拭检查与燃油箱相连的燃油管以及燃油管连接处有无燃油泄漏（图6-12）。

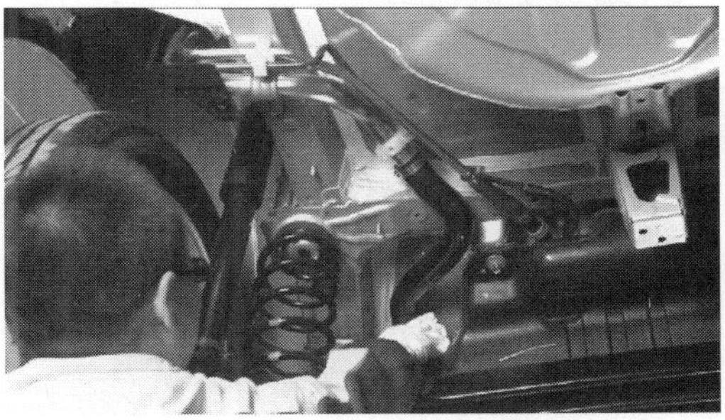

图6-12　检查与燃油箱相连的燃油管

3）检查燃油输送管路（图6-13），使用干净的白纸擦拭连接处，检查是否有燃油泄漏，检查底盘燃油输出管路是否有生锈、老化、裂纹、损坏及燃油泄漏。

图6-13　检查燃油输送管路

注意

检查时，注意不要接触热的排气管，防止被烫伤。对于炭罐在外部的车辆，要检查炭罐连接管是否有燃油渗漏。

4）降下车辆。

5）安装发动机盖罩。

若没有发现油管有泄漏情况，则接下来检查电动燃油泵是否有故障。

3. 检查电动燃油泵

接通点火开关，应能从油箱口处听到电动燃油泵运转（2～3s）声音；或用手捏住进油管时，能感觉到进油管的油压脉动。如果电动燃油泵不工作，则按以下步骤检查：

1）检查燃油泵控制线路的连接插头是否松动。

2）检查燃油泵电路熔丝。熔丝电阻应小于1Ω。

3）检查继电器以及线束。

4）接线盒插接器线束电阻应小于1Ω（断路检查），接线盒插接器绝缘电阻应为10kΩ或更大（短路检查）。

5）在燃油泵的两个端子之间施加蓄电池电压，检查并确认燃油泵是否工作。如果电动机不工作，则应测量燃油泵两个端子之间的电阻是否在0.2～0.3Ω，否则更换燃油泵。更换燃油泵参见项目五中相关的操作步骤进行。

4. 检查燃油压力

实践操作2：燃油系统卸压

1）用双手以合适的力度使后排座椅垫的左右挂钩分离，并拆下后排座椅垫总成。

2）选用铲刀铲开地板检修孔盖的密封胶（图6-14），拆卸后地板检修孔盖。

图6-14　用铲刀铲开密封胶

3）从油泵总成上断开油泵插接器（图6-15）。

4）检查确认换档杆处于P档或空档状态，检查确认驻车制动器是否处于制动状态。

5）起动发动机，使发动机运转到自动停止，并将点火开关置于“OFF”位置。

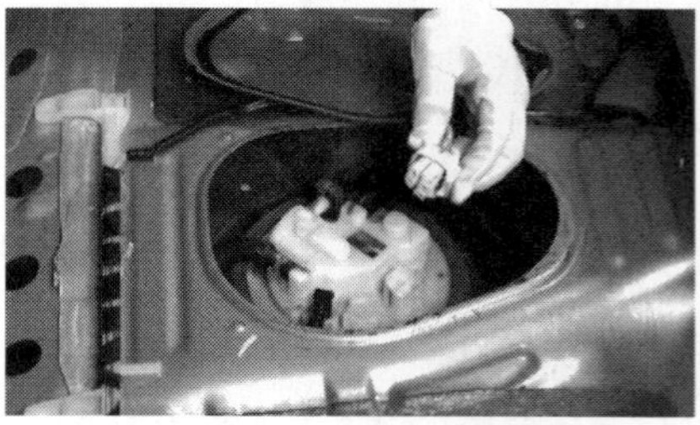

图6-15　断开油泵插接器

注意

在等待发动机自然停止时，不要提高发动机转速或行驶车辆。

6）再次起动发动机，并确认发动机不能起动。

7）打开燃油加注盖，释放燃油箱中的压力。

8）根据维修手册规定，选用10mm套筒和棘轮扳手，拧松蓄电池负极电缆锁紧螺母，从蓄电池负极端子上断开电缆（图6-16）。

9）重新连接燃油泵总成插接器。

图6-16　断开蓄电池负极电缆

注意

① 断开燃油泵插接器时，先按压锁止扣，当确认锁止装置完全脱离后，方可拔下插接器，禁止在线束端借用外力拔下插接器。

② 在拆蓄电池负极之前，要记录车辆相关信息（记录收音机电台、密码，时钟等信息），记录车辆的相关学习值。

③ 在拆蓄电池负极之前，检查点火开关是否处于关闭状态。

④ 在拆蓄电池负极时，要注意工具不要与蓄电池正极碰到，以防短路损坏用电设备。

⑤ 连接油泵插接器时，当听到“咔嗒”声时即可，连接后需检查连接是否牢固。

实践操作3：测量静态燃油压力

1）打开数字式万用表至电压档，将万用表的红色表笔连接至蓄电池正极，将万用表的黑色表笔连接至蓄电池负极，测量蓄电池电压，正常应为11～14V。

2）根据维修手册，选用10mm套筒和棘轮扳手断开蓄电池负极电缆。

3）从主燃油管上断开燃油软管（图6-17）。

4）根据维修手册，选用燃油压力表；并将燃油压力表连接至燃油管路中。

图6-17　断开燃油软管

5）将电缆连接到蓄电池负极端子上，正确使用工具紧固蓄电池负极电缆固定螺栓至维修手册中的规定力矩 5.4N·m，并临时恢复燃油泵插接器的连接。

6）起动发动机，测量怠速情况下的燃油压力。正常情况下怠速时燃油压力为 304～343kPa（图6-18）。

图6-18　检测燃油压力

7）如果燃油压力为0，表示无油压，则应进行下一步的操作。

8）检查燃油压力后，正确使用工具，从蓄电池负极端子上断开电缆；从燃油管路上断开燃油压力表，并取下燃油压力表接头。

9）用干净的布对主燃油管进行清洁，并将燃油管重新连接到主燃油管上。

10）重新将电缆接回蓄电池负极端子上，紧固蓄电池负极电缆固定螺栓至规定力矩 5.4N·m。

11）检查燃油是否泄漏。

注意

①避免橡胶或皮质零件接触到汽油。

②检查电压时，正、负极表笔不要接反。

③如果蓄电池电压低于 11V，在继续操作前应对蓄电池充电或更换蓄电池。

如果燃油压力正常，则检查喷油器，参考本项目实践操作4。

5. 检查喷油器

在起动发动机状态下，采用听诊器检查喷油器的脉动声，如果听不到喷油器工作声音，可用 LED 试灯接在喷油器导线插接器上，如果在起动发动机时试灯能亮，说明喷油器控制系统工作正常，喷油器有故障，应清洗或更换，参见项目五中相关的操作步骤。如果试灯不亮，说明喷油器控制系统或控制线路有故障，应检查喷油器与电源、ECU 接线是否连接良好。如果外部电路都正常，则可能是 ECU 内部故障，可用替换试验法确认 ECU 是否有故障。

如果燃油压力过高，则检查回油管路是否脏堵，参考本项目实践操作4。

实践操作4：检查回油管路是否脏堵

1）断开蓄电池负极电缆。

2）将回油管路从油压调节器上断开，选用新的油管，一端连接油压调节器，一端放入类似油桶的容器。

3）重新连接蓄电池负极电缆。

4）观察系统油压是否恢复正常，若油压正常，则更换回油管路；若仍偏高，则更换油压调节器，参考实践操作5。

6. 检查燃油压力调节器

（1）燃油压力调节器工作状况检测

1）在燃油管路中连接燃油压力表，保持发动机怠速运转，测量并记录此时的燃油压力。

2）拆下调节器上的真空软管，这时燃油压力应升高50kPa左右，否则应予以更换。

（2）燃油压力调节器保持压力检测

1）在燃油管路中连接燃油压力表，用一根短导线将电动汽油泵的两个检测接孔短接。

2）打开点火开关，让油泵运转10s，然后关闭点火开关，取下导线。

3）用包上软布的钳子将燃油压力调节器的回油管夹紧，并保持5min。

4）观察油压，如果该油压（比较不夹紧回油管时）有上升，表明调节器有泄漏，应予以更换。

（3）燃油压力调节器拆卸检测

1）拆下燃油压力调节器的进油管和真空软管。

2）如果两者之间相通，表明有泄漏，应予以更换。

实践操作5：更换油压调节器

1. 拆卸燃油泵。

1）燃油系统卸压（参见实践操作2）。

2）从蓄电池负极端子断开电缆。

3）断开燃油箱主管分总成（图6-19），拆下油管接头卡子（图6-20），然后从燃油吸油管总成的螺塞上拉出燃油管接头。

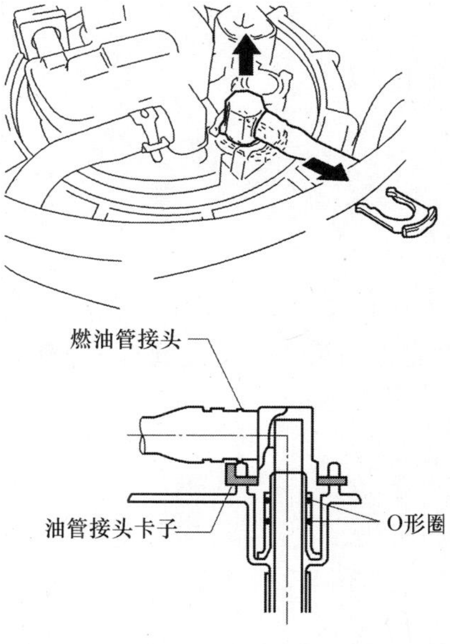

图6-19 断开燃油箱总管分总成

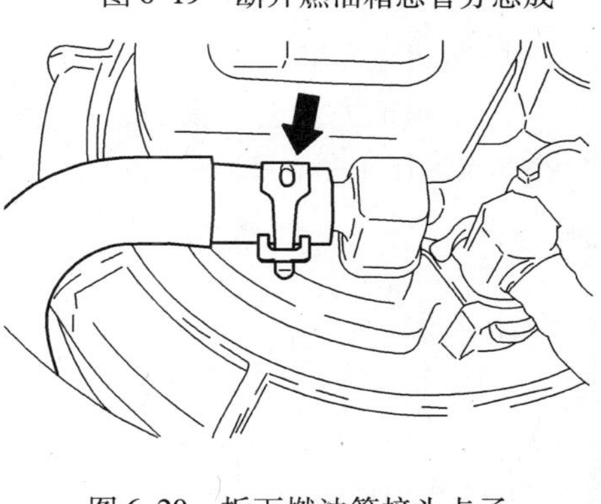

图6-20 拆下燃油管接头卡子

注意

① 断开前，检查并确认燃油管接头周围没有污物或其他异物。如有必要，清洁接头。

② 必须防止污垢或灰尘进入接头。如果污垢或灰尘进入接头，可能是O形圈密封不良。

③ 仅用手断开接头。

④ 不要使尼龙管弯曲、打结或扭曲。

⑤ 盖上塑料袋以保护接头。

4）断开1号燃油蒸发管分总成。松开卡子，并从燃油吸油管总成上拆下1号燃油蒸发管分总成。

5）断开1号炭罐出口软管（图6-21）。

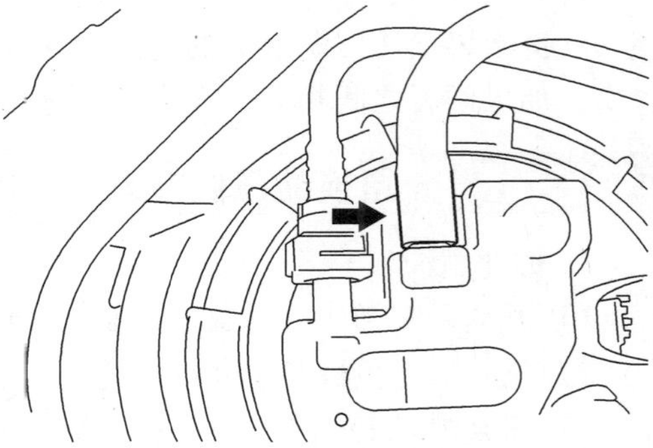

图6-21　断开1号炭罐出口软管

6）燃油箱2号蒸发管。松开挡圈（图6-22），并将燃油箱2号蒸发管从燃油吸油管总成上断开。

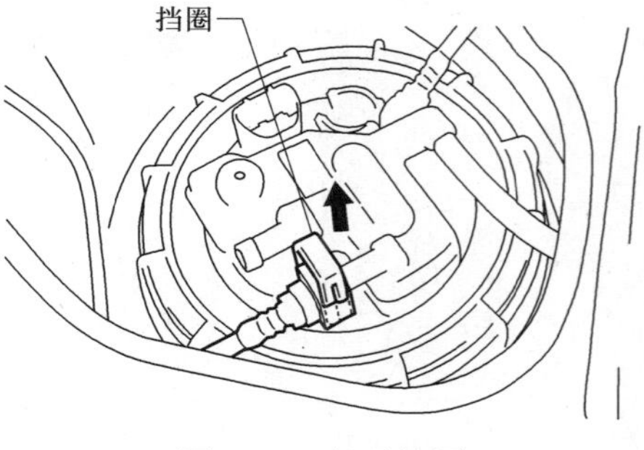

图6-22　松开挡圈

7）拆卸燃油泵仪表挡圈。

① 用6mm六角套筒扳手，将SST安装到燃油泵仪表挡圈上（图6-23）。

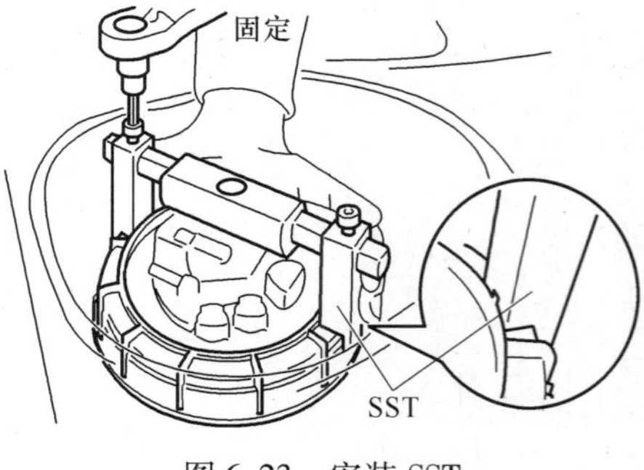

图6-23　安装SST

② 使用 SST，松开燃油泵仪表挡圈（图 6-24）。

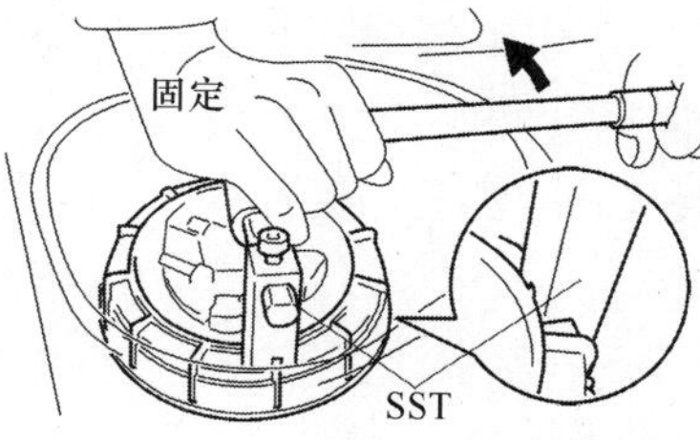

图 6-24　松开燃油表挡圈

注意

不要使用其他任何工具，例如螺钉旋具。

③ 用手固定燃油吸油管总成，以拆下燃油泵仪表挡圈。

8）拆卸燃油吸油管总成。

① 将燃油吸油管总成从燃油箱上拆下。

注意

确保燃油表传感器臂没有弯曲。

② 从燃油箱上拆下衬垫。

9）排空燃油。

10）拆卸燃油表传感器总成。

11）拆卸燃油泵。

① 断开燃油泵线束插接器。

② 断开 2 个线束卡夹。

注意

不要损坏线束。

③ 断开燃油泵滤清器软管（图 6-25）。

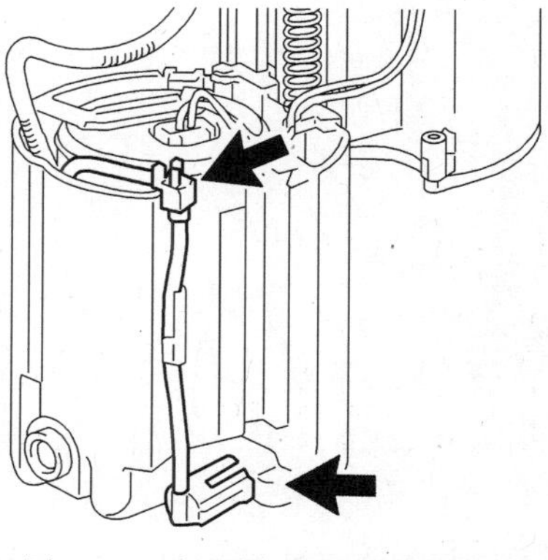

图 6-25　断开燃油泵滤清器软管

④ 用头部缠有保护胶带的螺钉旋具，脱开2个卡爪（图6-26），并从副燃油箱上拆下燃油滤清器和燃油泵。

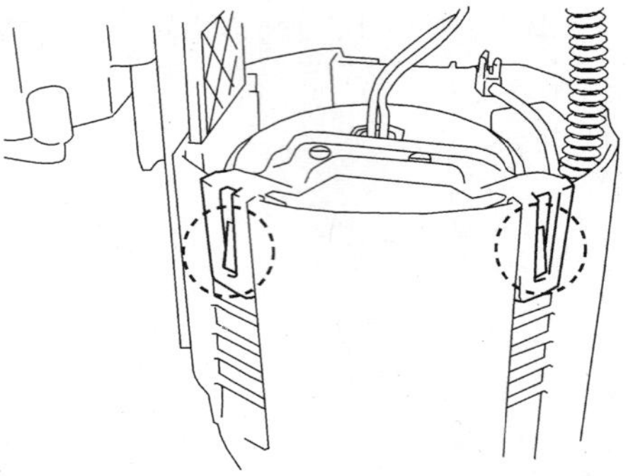

图6-26 脱开2个卡爪

⑤ 用头部缠有保护胶带的螺钉旋具，脱开2个卡爪并拆下1号吸油管支架（图6-27）；用头部缠有保护胶带的螺钉旋具脱开5个卡爪，并从燃油滤清器上拆下燃油泵滤清器和燃油泵（图6-28）。

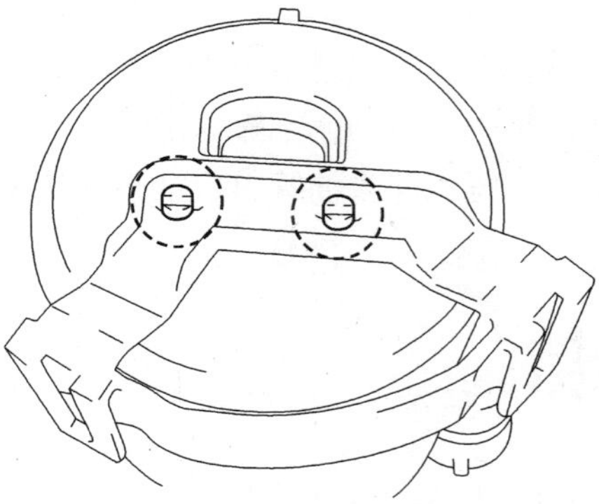

图6-27 脱开支架卡爪

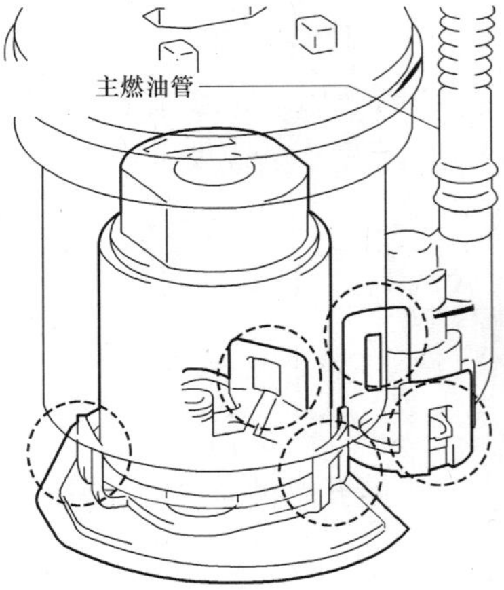

图6-28 拆下燃油泵滤清器

注意

① 不要损坏燃油泵滤清器和拆下吸油滤清器。

② 如果已从燃油泵上拆下吸油滤清器，则不要使用燃油泵或吸油滤清器。

③ 不要断开主燃油管。

12）断开燃油泵线束（图6-29）。

13）拆下 O 形圈。

2. 拆卸燃油压力调节器总成

1）用头部缠有保护胶带的螺钉旋具拆下燃油压力调节器总成。

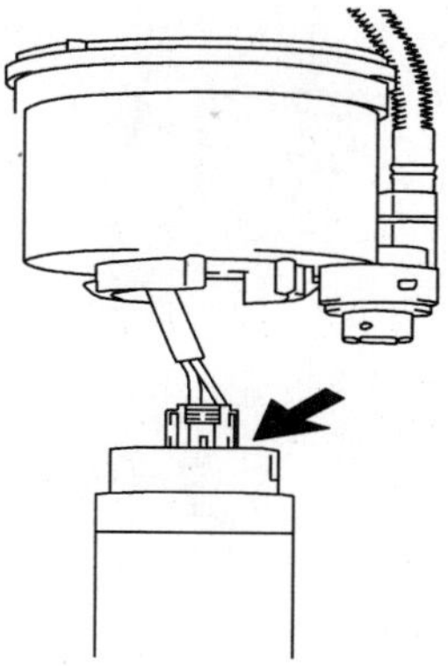

图6-29 断开燃油泵线束

注意

① 缓慢拉出燃油压力调节器总成，因为 O 形圈牢固地安装在调节器和燃油滤清器之间。

② 燃油滤清器需要更换时，将其作为燃油吸油盘分总成更换。

2）从压力调节器总成上拆下 2 个 O 形圈。

3. 安装燃油压力调节器

1）安装燃油压力调节器总成。

① 在 2 个新 O 形圈上涂抹汽油，然后将它们安装到燃油压力调节器总成上。

② 安装燃油压力调节器总成。

2）安装燃油泵、燃油表传感器总成和燃油吸油管总成。

3）连接燃油箱 2 号蒸发管、1 号炭罐出口软管。1 号燃油蒸发管分总成和燃油箱主管分总成。

4）将电缆连接到蓄电池负极端子。

5）检查燃油是否泄漏。

6）安装后地板检修孔盖、后排座椅垫总成。

更换完燃油压力调节器后，试车，故障排除。若还未排除故障，则进行下一步检查。

第四步：检查进排气系统故障

参见项目五中的相关操作步骤。

第五步：检查机械部分故障

参见项目五中的相关操作步骤。

维修完成后，检验维修质量，并进行车辆最终检查，清洁、整理工量具，清洁、整理场地。

项目评价（见附录）

项目七 07

发动机怠速不稳

项目导入

一辆2009款丰田卡罗拉轿车，客户反映，该车在起动时发动机抖动且怠速不稳（图7-1）。请根据故障特征对该车进行检查和维修。

图7-1 发动机怠速不稳故障

学习目标

【技能目标】

1）能通过与客户交流、查阅相关维修技术资料等方式获取车辆信息。

2）能根据故障现象制订正确的维修计划。

3）能根据维修计划合理地组织协调维修作业。
4）能正确使用工具、量具及检测维修设备。
5）能正确选择诊断设备对发动机怠速不稳故障进行诊断。
6）能正确记录、分析各种检测结果并做出故障判断。
7）能按照正确操作规范进行相关部件的更换。
8）能按照维修标准对修复质量进行检查验收。
9）能对本次维修实践活动予以合理评估。
10）能根据环保要求，正确处理对环境和人体有害的废料和损坏零部件。

【知识目标】

1）理解怠速概念。
2）了解怠速控制系统功用、组成及原理。
3）了解怠速控制策略。

知识准备

1. 怠速

怠速通常是指节气门关闭，加速踏板完全松开，且发动机对外无功率输出并能保持最低稳定转速的运转工况。

发动机怠速时的负荷包括：

1）曲柄连杆机构和配气机构的内部摩擦。

2）辅助驱动装置（水泵、发电机等）。

2. 怠速控制系统

（1）怠速控制系统的功用。怠速控制系统的功用是实现发动机在目标转速下稳定运转，并使发动机起动后快速暖机、开启空调后怠速调整，使得发动机实现不同怠速工况要求，以实现良好的经济性能、排放性能和运转性能。

（2）怠速控制系统的控制方式。怠速控制系统按控制方式可分为两种，一种是控制节气门关闭位置的节气门直动式，执行元件通过节气门操纵机构调整节气门开度大小，实现控制怠速进气量的目的。另一种是控制节气门旁通道空气流量的旁通空气式，执行元件通过改变旁通控制阀的位置，调整旁通空气通道的进气量，实现怠速控制。这两种形式都是以调节进气通道截面积的方法来控制空气流量，从而实现怠速调整的目的。两种控制方式如图 7-2 所示。

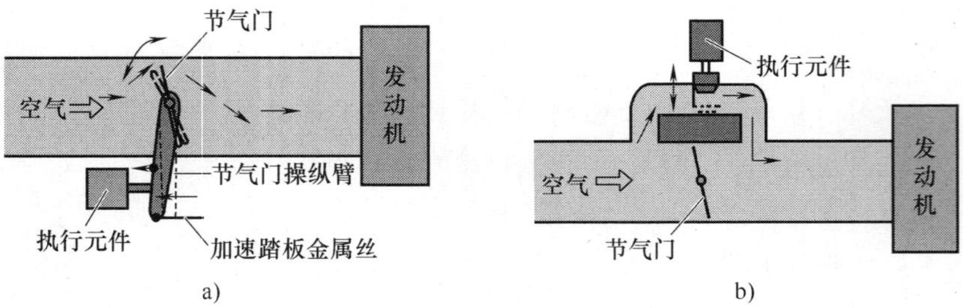

图 7-2　怠速控制方式
a）节气门直动式　b）旁通空气式

3. 怠速控制策略

怠速控制主要包括怠速基本控制和怠速修正控制。

怠速基本控制是发动机 ECU 接收节气门位置传感器的输入信号，当感知为怠速工况时，ECU 输出信号给怠速控制装置，使发动机保持在正常怠速转速范围内。

怠速修正控制是 ECU 对发动机不同工况下的怠速进行有效的控制，如冷却液温度、空调开启、动力转向的使用以及自动变速器负荷等对怠速的影响。

故障分析

发动机怠速不稳的原因可能是多方面、多系统、多因素的，是诊断与检测难度较大的工作，轻易换件的方法是不可取的，应根据检测结果、数据分析、维修经验做出正确判断。怠速不稳的故障原因主要有：发动机电子控制系统、进气系统、燃油系统、点火系统、发动机机械故障等。

1. 电子控制系统引起的怠速不稳

从图 7-3 观察，电子控制系统故障主要是传感器和执行器的故障，ECU 故障概率很小。

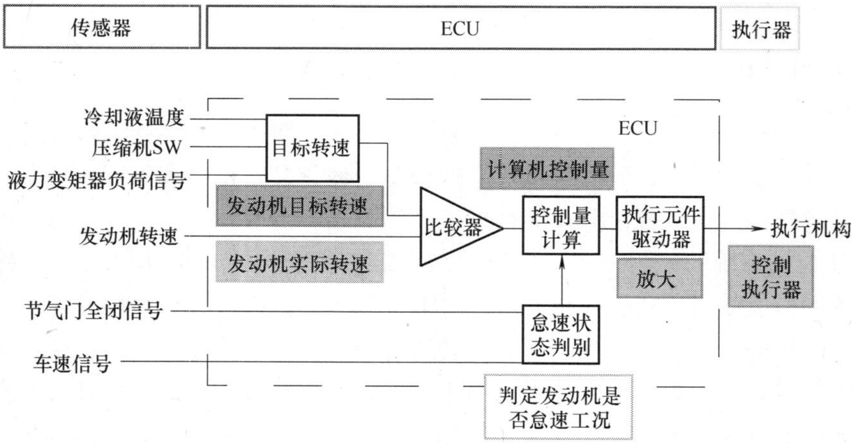

图 7-3　怠速控制原理图

（1）传感器故障

故障传感器主要有节气门位置传感器、冷却液温度传感器、空气流量传感器、进气温度传感器和氧传感器等，ECU 接收错误的传感器信号，并输出错误指令至执行元件，造成怠速不稳。

判断传感器是否故障时，可观察仪表盘上的故障指示灯是否亮起。如果故障指示灯点亮，则需要使用故障诊断仪读取故障码并检测故障。

（2）执行器故障

执行器主要有怠速控制装置、EGR 阀和炭罐电磁阀等，阀的脏堵会导致怠速空气控制不准确，出现怠速不稳甚至熄火现象。

执行器故障，一般先检查是否漏气或脏堵，必要时需更换。

2. 供给系统引起的怠速不稳

供给系统（图 7-4）主要故障在油路和气路。燃油系统主要故障是燃油压力故障，进气系统主要故障是进气系统管路泄漏。

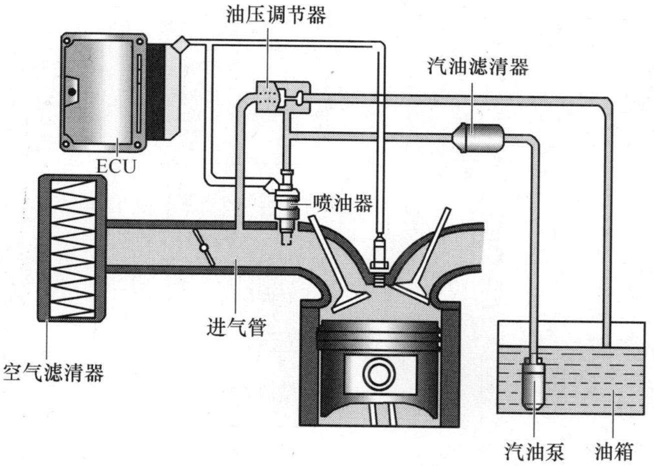

图 7-4　供给系统组成示意

（1）燃油系统压力故障

燃油系统压力故障的常见原因有：燃油泄漏、燃油压力调节器不良、燃油滤清器堵塞和喷油器雾化不良等。

燃油系统油压过低，会导致从喷油器喷出的燃油雾化状态不良或者喷出的燃油成线状；严重时只喷出油滴，喷油量减少使混合气过稀。油压过高，会导致实际喷油量增加，使混合气过浓。

（2）进气系统管路故障

进气系统管路故障，主要是指节气门体脏漏，排气不良。包括 EGR 阀、真空软管、PVC 软管破损漏气或接口脱落及连接错误，进气歧管破损或歧管垫漏气，空气滤清器堵塞等。

3. 点火系统引起的怠速不稳

点火系统中，单缸失火或单缸点火不良均能引起发动机怠速不稳。常见原因有：火花塞电极烧蚀或有积炭（图 7-5）。

图 7-5　火花塞积炭

4. 机械部分引起的怠速不稳

机械部分故障主要是气缸密封性不良，造成气缸压力偏低。正时链条故障也会造成发动机怠速不稳。

实施路径

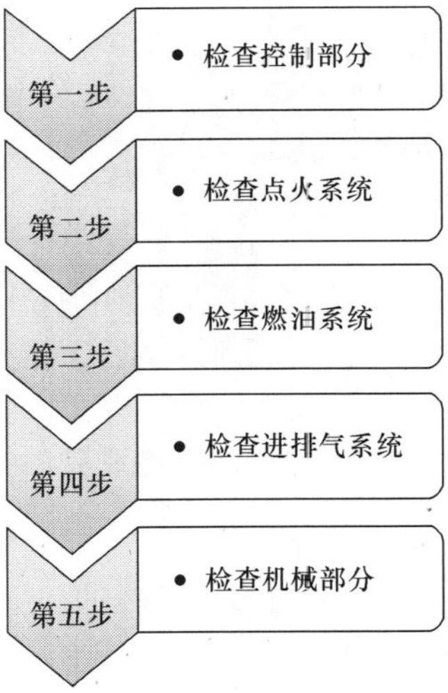

实施方案

1）课时建议：10 学时（按实际维修工时要求）。
2）教学环境：理实一体化教学实训中心。
3）质量要求：参照厂家的质量标准要求。
4）组织方式：学生自由组合，每 4 ~6 位同学为一组。
5）生产准备，每组配备的工具及设备：
① 场地：装有废气抽排系统和消防设施的实训维修车间。

② 举升机、安全支座、套装常用工具。
③ 卡罗拉轿车、维修作业台等。
④ 仪器：故障诊断仪、万用表。
⑤ 耗材：清洁布、清洗液等。
6）实训作业要求（见附录 B）。

实施步骤

在进行故障诊断与维修之前，首先尝试起动发动机，仔细观察车辆状况，确认故障现象。根据故障特征初步判断可能发生的故障区域。

第一步：检查控制部分

1. 检查传感器故障

使用故障诊断仪读取故障码，可能的故障码见表 7-1。

表 7-1 故障码

冷却液温度传感器	P0115	发动机冷却液温度电路故障
	P0116	发动机冷却液温度电路范围/性能故障
	P0117	发动机冷却液温度电路低输入
	P0118	发动机冷却液温度电路高输入
空气流量传感器	P0100	质量或体积空气流量电路
	P0102	质量或体积空气流量电路低输入
	P0103	质量或体积空气流量电路高输入
进气温度传感器	P0110	进气温度电路故障
	P0112	进气温度电路低输入
	P0113	进气温度电路高输入
氧传感器	P0130	氧传感器电路故障（B1 S1）
	P2195	氧传感器信号始终偏稀（B1 S1）
	P2196	氧传感器信号始终偏浓（B1 S1）

如果读取到以上故障码，则检查故障码对应的传感器。

首先使用汽车故障诊断仪进行诊断，诊断方法参见项目一第一步中的实践操作 1，读取故障码。确定故障码为 P0100 质量或体积空气流量电路、P0102 质量或体积空气流量电路低输入和 P0103 质量或体积空气流量电路高输入，并将其记录下来。

2. 检查空气流量传感器

使用故障诊断仪读取数值（质量空气流量）：
1）将故障诊断仪连接到 DLC3。
2）起动发动机，打开故障诊断仪。

3）选择以下菜单项：Powertrain/Engine and ECT/DataList/MAF。

4）读取诊断仪上的值。故障诊断仪显示的结果：质量空气流量约 0.0g/s（故障 1）；质量空气流量约 270.0g/s 或更高（故障 2）。

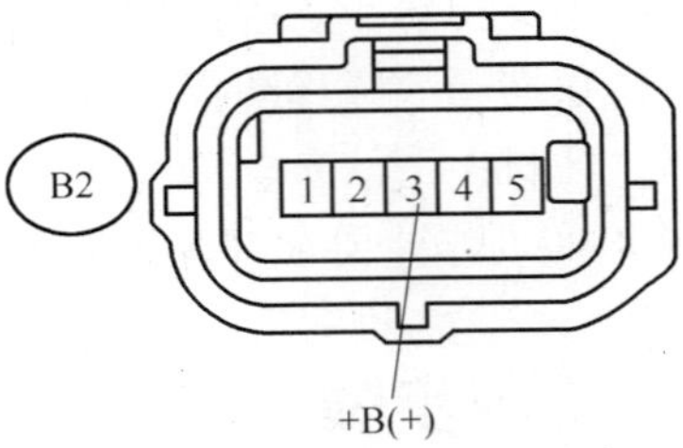

图 7-6　空气流量传感器插接器

（1）故障 1 诊断与排除

1）检查空气流量传感器电源电压。

① 断开空气流量传感器插接器（图 7-6）。

② 将点火开关置于“ON”位置。

③ 根据表 7-2 中的值测量电压。

表 7-2　标准电压（一）

故障诊断仪连接	开关状态	规定状态
B2-3(+B)— 车身搭铁	点火开关置于“ON”位置	9～14V

④ 重新连接空气流量传感器插接器。

如果所测电压值不在规定范围内，表示电源电压异常，需要检查 EFINo. 1 熔丝，检查方法参考本项目实践操作 1。如果熔丝正常，则需维修或更换线束插接器。如果所测电压在规定范围内，则继续检查空气流量传感器 VG 电压。

实践操作 1：检查或更换 EFI No. 1 熔丝

1）从发动机室继电器盒上拆下 EFI No. 1 熔丝。

2）根据表 7-3 中的值测量电阻。

表 7-3　标准电阻（一）

故障诊断仪连接	条　件	规定状态
EFI No. 1	始终	小于 1Ω

如果检测结果不符合规定,更换熔丝。

3)重新安装 EFI No. 1 熔丝(图 7-7)。

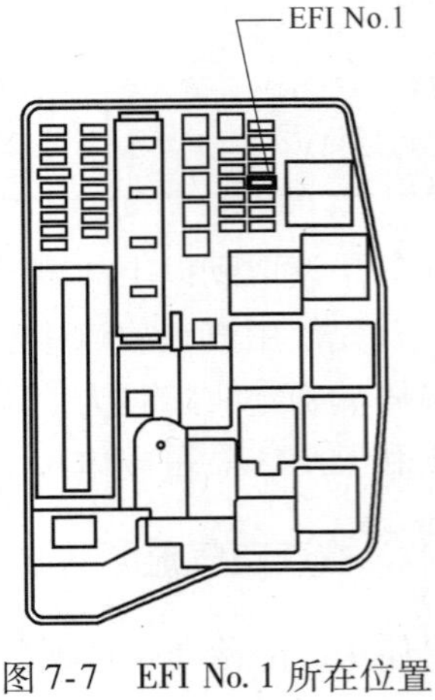

图 7-7　EFI No. 1 所在位置

2）检查空气流量传感器 VG 电压（图 7-8）。

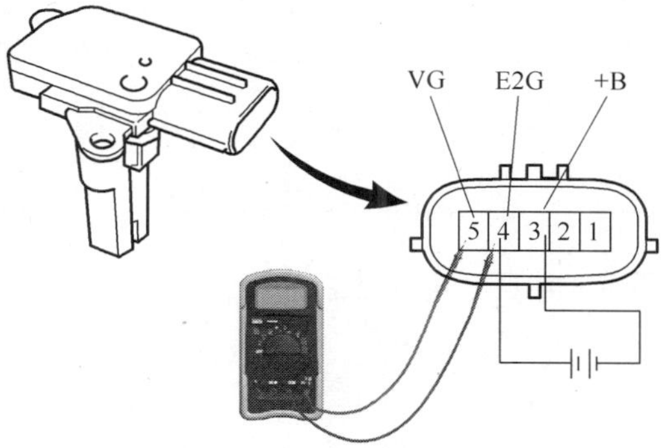

图 7-8　检查空气流量传感器 VG 电压

① 断开空气流量传感器插接器。

② 向端子 +B 和 E2G 之间施加蓄电池电压。

3）将检测仪正极（+）探针连接至端子 VG，检测仪负极（-）探针连接至端子 E2G。

4）根据表 7-4 中的值测量电压。

表 7-4　标准电压（二）

故障诊断仪连接	条　件	规定状态
5(VG)—4(E2G)	向端子 +B 和 E2G 之间施加蓄电池电压	0.2～4.9V

如果检测结果不符合规定，则更换空气流量传感器，更换方法参考本项目实践操作 2。如果结果正常，检查线束和插接器（空气流量传感器—ECM）。

实践操作 2：更换空气流量传感器

1. 拆卸空气流量传感器

1）按下插接器锁舌，分离空气流量传感器插接器。

2）选用十字螺钉旋具，拆卸空气流量传感器固定螺栓（图 7-9）。

3）取下空气流量传感器，用干净的布或胶带盖住安装孔，防止异物进入进气管道。

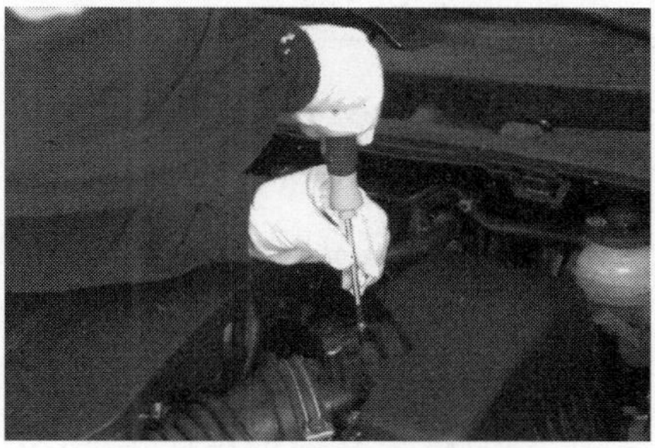
图 7-9　拆卸空气流量传感器

2. 检测新的空气流量传感器

1）目视检测空气流量传感器的外观是否完好、O 形圈是否完好、铂热丝上是否有异物。

2）选用数字万用表，调到 Ω 档，检测空气流量传感器端子 E2 与 THA 之间的阻值并记录数据（图 7-10）。标准电阻见表 7-5。

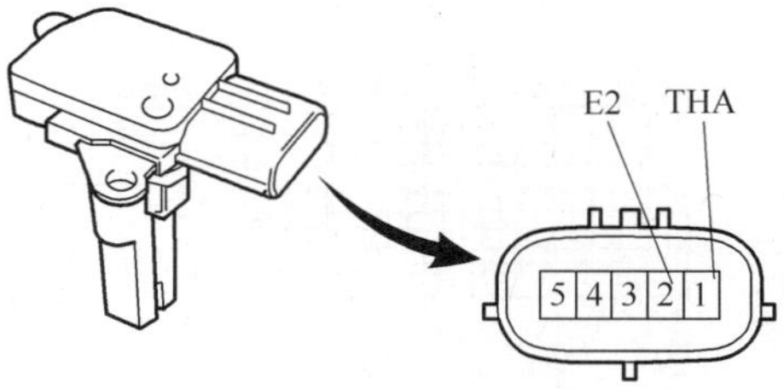

图 7-10　空气流量传感器插接器

表 7-5　标准电阻（二）

故障诊断仪连接	条　件	规定状态
1(THA)—2(E2)	-20℃(-4°F)	13.6~18.4kΩ
1(THA)—2(E2)	20℃(68°F)	2.21~2.69kΩ
1(THA)—2(E2)	20℃(140°F)	0.49~0.67kΩ

如果检测结果不符合规定,需要更换空气流量传感器。

3. 安装空气流量传感器

1)按拆卸相反顺序安装空气流量传感器。

2)按照检查顺序,再次用汽车故障诊断仪进行检查。

3）检查线束和插接器（空气流量传感器—ECM）

① 断开空气流量传感器插接器。

② 断开 ECM 插接器。

③ 根据表 7-6、表 7-7 中的值测量电阻。

表 7-6　标准电阻（断路检查一）

故障诊断仪连接	条　件	规定状态
B2-5(VG)-B31-118(VG)	始终	小于 1Ω
B2-4(E2G)-B31-118(E2G)	始终	小于 1Ω

表 7-7　标准电阻（短路检查一）

故障诊断仪连接	条　件	规定状态
B2-5(VG)或 B31-118(VG)—车身搭铁	始终	10kΩ 或更大

④ 重新连接空气流量传感器插接器。

⑤ 重新连接 ECM 插接器。

如果线束插接器检查结果正常，则更换 ECM。如果检测结果异常，则更换线束或插接器（空气流量传感器—ECM 图 7-11）。

（2）故障 2 诊断与排除

1）检查线束和插接器（传感器搭铁）。

① 断开空气流量传感器插接器（图 7-12）。

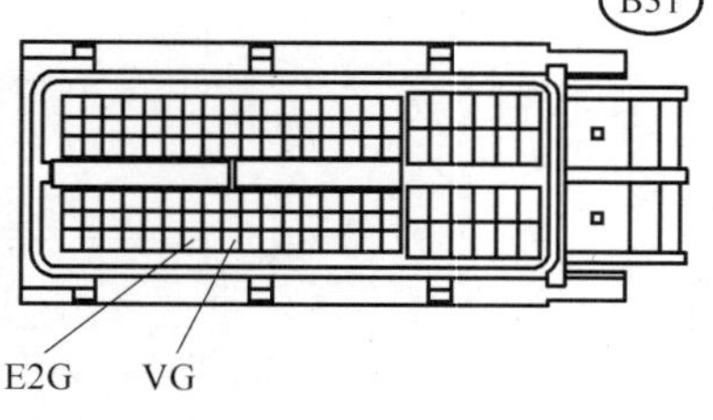

图 7-11　ECM 插接器

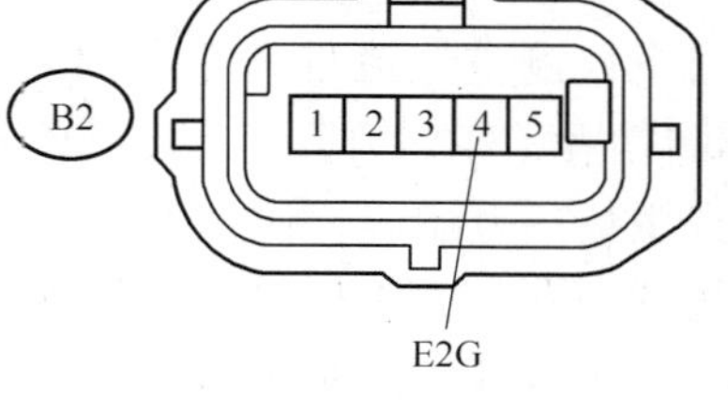

图 7-12　断开空气流量传感器插接器

② 根据表 7-8 中的值测量电阻。

表 7-8　标准电阻（三）

故障诊断仪连接	条　件	规定状态
B2-4(E2G)—车身搭铁	始终	小于 1Ω

如果测量结果在规定范围内，则更换空气流量传感器，更换方法参考本项目实践操作 2。如果测量结果不符合规定，则继续检查线束和插接器（空气流量传感器—ECM）。

2）检查线束和插接器（空气流量传感器—ECM）。

① 断开空气流量传感器。

② 断开 ECM 插接器。

③ 根据表 7-9、表 7-10 中的值测量电阻。

表 7-9　标准电阻（断路检查二）

故障诊断仪连接	条　件	规定状态
B2-4(E2G)-B31-116(E2G)	始终	小于 1Ω

表 7-10　标准电阻（短路检查二）

故障诊断仪连接	条　件	规定状态
B2-4(E2G)或 B31-116(E2G)—车身搭铁	始终	10kΩ 或更大

如果测量结果在规定范围内，则更换 ECM。如果测量结果不符合规定，则维修或更换线束或插接器（空气流量传感器—ECM）。

3. 检查执行器故障

（1）检查怠速控制阀

1）车上检查。关闭点火开关时，怠速控制阀落座时会发出“哒哒”声，如果听不到，应检查怠速控制阀是否脏堵，以及与 ECU 间的连接线是否损坏。图 7-13所示为怠速控制电路。

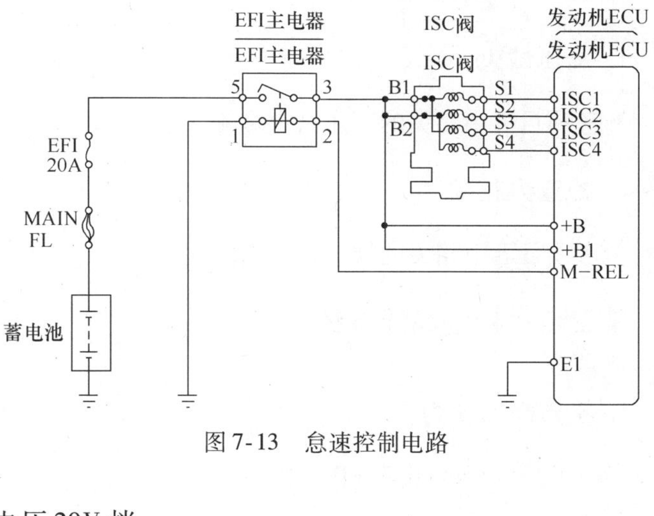

图 7-13　怠速控制电路

2）万用表检查。

① 选用数字万用表，调到直流电压 20V 档。

② 关闭点火开关，断开怠速控制阀线束插接器，然后打开点火开关，分别检查线束插接器两端子与搭铁之间的电压并记录数据，正常情况下应为 12V。

③ 如果测得的数据不符合标准，则应检查主继电器的供电电路。

④ 分别检查 B1—S1、B1—S2、B1—S3、B1—S4 四个线圈的电阻并记录数据，正常情况下，标准电阻值为 10 ~ 30Ω。若不符合标准，则更换怠速控制阀。

3）人工试验。将 B1、B2 端子接蓄电池负极，然后按 S1—S2—S3—S4—S1 的顺序重复连接蓄电池负极，阀应该逐渐伸出，再按 S4—S3—S2—S1—S4 的顺序连接蓄电池负极，阀应该逐渐缩回，否则应清洗或更换怠速控制阀。

（2）检查 EGR 阀（图 7-14）

1）拆下 EGR 阀上的真空管，在 EGR 阀的真空管上连接手动真空泵。

2）用手动真空泵给 EGR 阀施加负压，EGR 阀应能保持住负压。若负压下降或达不到规定值，应检查 EGR 阀膜片是否漏气，必要时更换 EGR 阀。

图 7-14　检查 EGR 阀

3）若 EGR 阀能保持住负压，则起动发动机使之怠速运转。

4）用手动真空泵给 EGR 阀施加约 19.95kPa 的负压，这时，应出现怠速不稳或发动机熄火的情况，否则检查 EGR 阀、管路是否堵塞。

第二步：检查点火系统

1. 高压试火

参考项目五中相关的高压试火步骤。

2. 检查火花塞

参考项目五中相关的检查火花塞步骤。

第三步：检查燃油系统

1. 检查燃油压力

参考项目六中的相关操作步骤。

2. 检查发动机燃油管路

参考项目六中的相关操作步骤。

3. 检查电磁喷油器

参考项目五中的相关操作步骤。

第四步：检查进排气系统

1. 检查进排气系统管路泄漏情况

参考项目五中第四步的相关操作步骤。

2. 检查节气门体

参考项目十中第一步的相关操作步骤。

第五步：检查机械部分

参考项目五中的相关操作步骤。

维修完成后，检验维修质量，并进行车辆最终检查，清洁、整理工量具，清洁、整理场地。

项目评价（见附录 A）

项目八

发动机动力不足

项目导入

一辆卡罗拉轿车在高速行驶或上坡时，可以明显地感到发动机动力不足（图 8-1），行驶无力，即便加大节气门开度，动力和速度也无多大改观。请根据故障特征检查和维修该车。

图 8-1 发动机动力不足故障

学习目标

【技能目标】

1）能通过与客户交流、查阅相关维修技术资料等方式获取车辆信息。

2）能根据故障现象制订正确的维修计划。
3）能根据维修计划合理地组织协调维修作业。
4）能正确使用工具、量具及检测维修设备。
5）能正确选择诊断设备对发动机动力不足故障进行诊断。
6）能正确记录、分析各种检测结果并做出故障判断。
7）能按照正确操作规范进行相关部件的更换。
8）能按照维修标准对修复质量进行检查验收。
9）能对本次维修实践活动予以合理评估。
10）能根据环保要求，正确处理对环境和人体有害的废料和损坏零部件。

【知识目标】

1）掌握炭罐的工作过程、原理及功用。
2）掌握EGR阀的结构、功用及工作原理。

知识准备

1. 炭罐

（1）炭罐概述　炭罐一般装在汽油箱和发动机之间。由于汽油是一种易挥发的液体，在常温下燃油箱经常充满蒸气，燃料蒸发排放控制系统的作用是将蒸气引入燃烧并防止挥发到大气中。这个过程起重要作用的是活性炭罐装置（图8-2）。

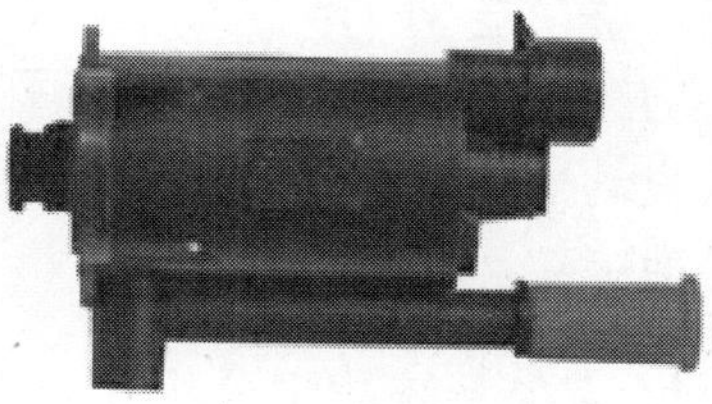

图8-2　活性炭罐

（2）炭罐的工作过程　因为活性炭有吸附功能，当汽车运行或熄火时，燃油箱的汽油蒸气通过管路进入活性炭罐的上部，新鲜空气则从活性炭罐下部进入活性炭罐。

发动机熄火后，汽油蒸气与新鲜空气在罐内混合并贮存在活性炭罐中，当发动机起动后，装在活性炭罐与进气歧管之间的燃油蒸发净化装置的电磁阀门打开，活性炭罐内的汽油蒸气被吸入进气歧管参加燃烧。

汽油是易挥发的燃料，油箱内的燃油会很快挥发增加油箱内部的压力，当压力达到一定值时就会产生一定的危险。为了平衡压力，起初人们是将油箱盖做成了限压阀，当压力高过某一值时，限压阀就打开，把汽油蒸气排到大气中。后来，人们出于节约燃料和保护环境的角度出发，设置炭罐，炭罐内部由吸附性很强的活性炭填充，油箱中多余的燃油蒸气不再排到大气中，而是由一根管子引入活性炭罐。活性炭吸附燃油蒸气，当汽车开动的时候，活性炭罐电磁阀适时打开，将吸收的燃油蒸气重新引入进气歧管，以达到节约燃油和环保的目的。

（3）炭罐的原理及作用　炭罐其实是属于汽油蒸发控制系统（EVAP）的一部分，该系统是为了避免发动机停止运转后燃油蒸气逸入大气而被引入的。从 1995 年起，我国规定所有新出厂的汽车必须具备此系统。它的工作原理是：发动机熄火后，汽油蒸气与新鲜空气在罐内混合并贮存在活性炭罐中，当发动机起动后，装在活性炭罐与进气歧管之间的电磁阀门打开，活性炭罐内的汽油蒸气在进气管的真空度作用下被洁净空气带入气缸内参加燃烧。这样做不但降低了排放，而且也降低了油耗。

2. EGR 阀

EGR 阀是一个安装在汽油机上用来控制反馈到进气系统的废气再循环量的机电一体化产品。它通常位于进气歧管的右侧，靠近节气门体，有一通向排气歧管的短金属管与它相连。其作用是对进入进气歧管的废气量进行控制，使一定量的废气流入进气歧管进行再循环。EGR 阀是废气再循环装置中关键的部件。

EGR 阀分为机械式和电控式两种，图 8-3 所示为机械式 EGR 阀外形。

图 8-3　机械式 EGR 阀

EGR 阀通过将发动机缸体产生的高温机油蒸气引导至进气歧管进行燃烧来提高进气温度，将可燃废气进行燃烧，提高发动机工作效率，改善燃烧环境并降低发动机负担，有效减少发动机窜气，延长各部件使用寿命。

故障分析

发动机动力不足时，原因可能是：点火系统故障、供给系统故障、控制部分故障和机械部分故障。

1. 点火系统故障分析

点火系统引起的发动机动力不足主要是单缸失火。造成单缸失火的故障原因主有：火花塞故障、高压线漏电或点火模块故障。

2. 燃油系统故障分析

燃油系统中引起的动力不足主要是燃油压力偏低或单缸喷油不良。

3. 进、排气系统分析

进、排气系统中引起的动力不足主要是进气系统管路漏气、空气滤清器脏堵、排气不良等。

4. 控制部分故障分析

传感器中，影响发动机动力性的传感器主要有冷却液温度传感器和空气流量传感器。执行器中主要有 EGR 阀和炭罐电磁阀。

5. 机械部分故障分析

机械部分故障主要是检查气缸压力。

实施路径

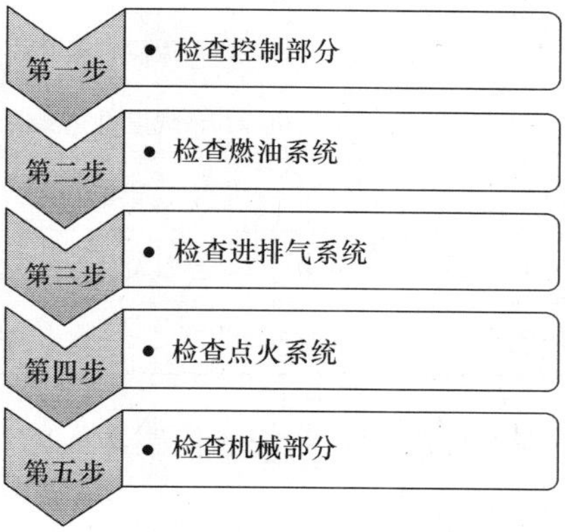

实施方案

1）课时建议：10 学时（按实际维修工时要求）。
2）教学环境：理实一体化教学实训中心。
3）质量要求：参照厂家的质量标准要求。
4）组织方式：学生自由组合，每 4 ~6 位同学为一组。
5）生产准备，每组配备的工具及设备：
① 场地：装有废气抽排系统和消防设施的实训维修车间。
② 举升机、安全支座、套装常用工具。
③ 卡罗拉轿车、维修作业台等。
④ 仪器：故障诊断仪、万用表。
⑤ 耗材：清洁布、清洗液等。
6）实训作业要求（见附录 B）。

实施步骤

在进行故障诊断与维修之前，首先转动点火开关，尝试起动发动机，初步判断可能发生的故障；然后读取故障码，根据故障码的指示对相应系统进行故障排除，如果没有读取到故障码，按以下步骤进行故障诊断与排除。

第一步：检查控制部分

1. 检查传感器

使用故障诊断仪读取故障码，可能的故障码见表8-1。

表8-1 故障码

冷却液温度传感器	P0115	发动机冷却液温度电路故障
	P0116	发动机冷却液温度电路范围/性能故障
	P0117	发动机冷却液温度电路低输入
	P0118	发动机冷却液温度电路高输入
空气流量传感器	P0100	质量或体积空气流量电路
	P0102	质量或体积空气流量电路低输入
	P0103	质量或体积空气流量电路高输入

如果读取到以上故障码，则检查故障码对应的传感器故障。如无故障码，则进行第二步检查点火系统。

（1）检查冷却液温度传感器　参考项目二第一步中检查冷却液温度传感器的操作步骤。

（2）检查空气流量传感器　参考项目七第一步中检查空气流量传感器的操作步骤。

2. 检查执行器

（1）检查炭罐电磁阀

实践操作1：更换炭罐电磁阀

1. 拆卸炭罐电磁阀

1）断开占空比控制型真空开关阀插接器、2个真空软管和线束卡夹（图8-4）。

2）用棘轮扳手拆下螺钉，然后取下炭罐电磁阀。

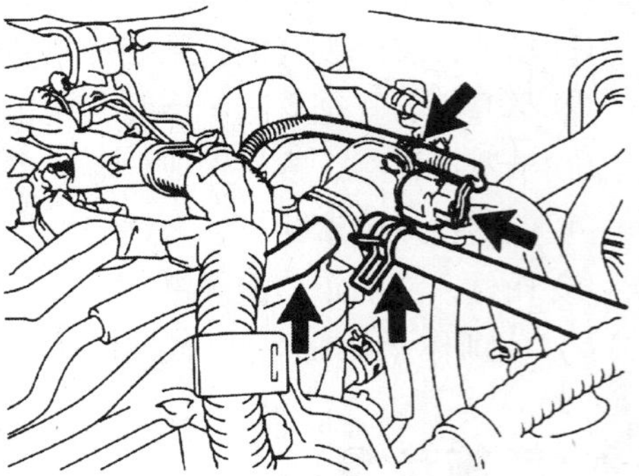

图8-4　断开开关阀插接器

2. 检查炭罐电磁阀电阻

1）选用数字万用表，调到 Ω 档，将红、黑表笔互测检查测量误差。

2）将红、黑表笔分别连接到电磁阀两个端子上并记录测量数据，正常情况下，标准电阻为 23～26Ω（图 8-5）。

3）用数字万用表分别测量两个端子与搭铁之间的电阻并记录数据，正常情况下，电阻应为 10kΩ 甚至更大。

4）若测得的数据不符合标准，则更换炭罐电磁阀。

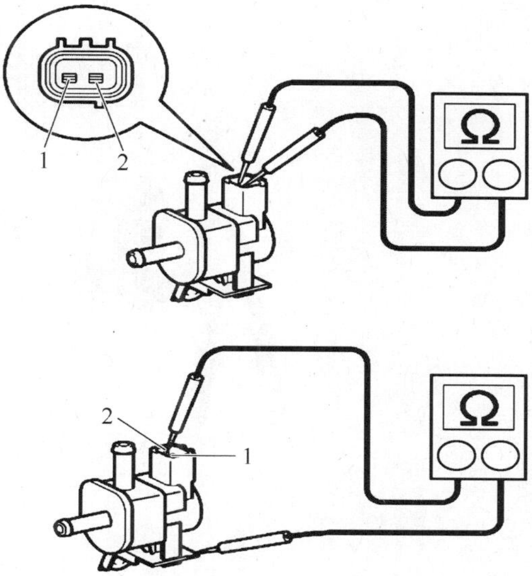

图 8-5　检查炭罐电磁阀电阻值
1、2—端子

3. 检查炭罐电磁阀通断

往炭罐电磁阀任一管口吹气，不通电时，两管口之间不互通，接上电源之后导通。若不符合上述情况，则更换炭罐电磁阀（图 8-6）。

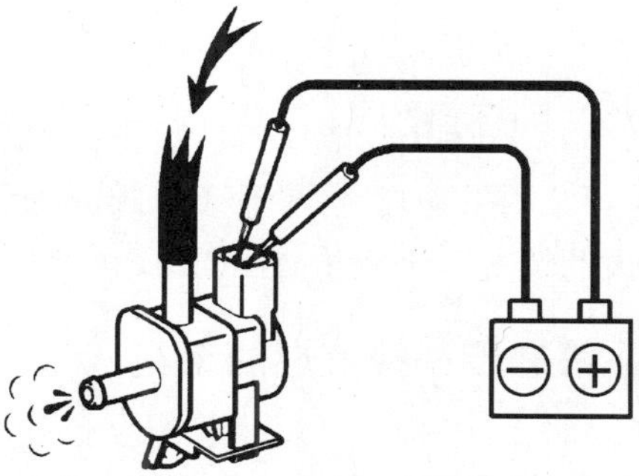
图 8-6　炭罐电磁阀通电检查

4. 安装炭罐电磁阀

1）将炭罐电磁阀装回原位，用手拧入螺栓。

2）选用扭力扳手，以 3.4N · m 的力矩紧固螺栓（图 8-7）。

3）连接线束插接器，确保锁止可靠。

4）连接 2 个真空软管和线束卡夹。

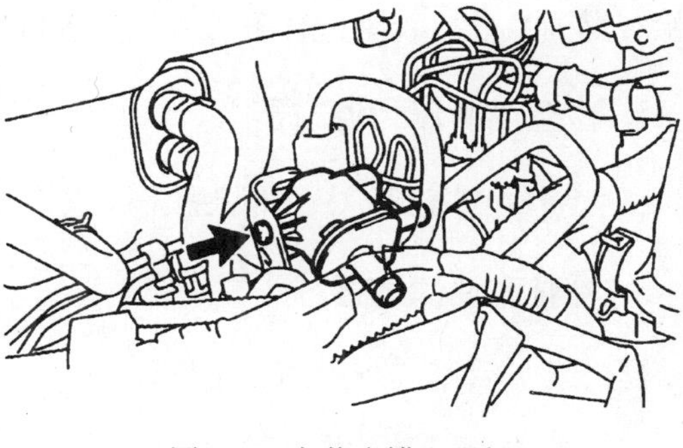
图 8-7　安装炭罐电磁阀

（2）检查 EGR 阀

1）拆下 EGR 阀上的真空管，在 EGR 阀的真空管上连接手动真空泵。

2）用手动真空泵给 EGR 阀施加负压，EGR 阀应能保持住负压，若负压下降或达不到规定值，应检查 EGR 阀膜片是否漏气，必要时更换 EGR 阀（图 8-8）。

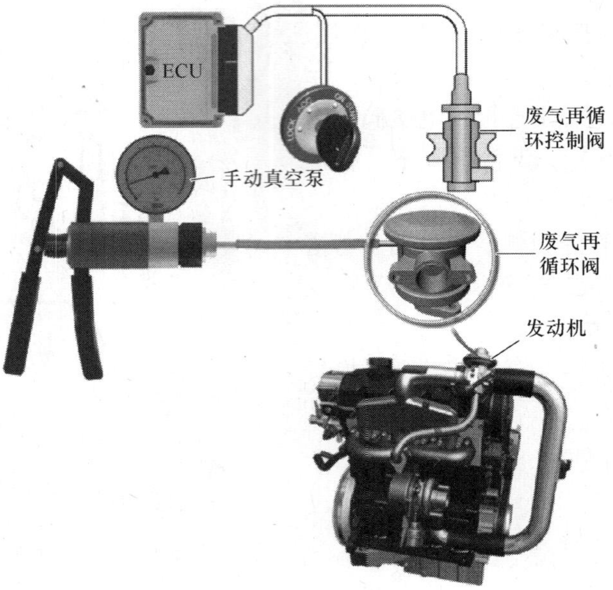

图 8-8　检查 RGR 阀

3）若 EGR 阀能保持住负压，则起动发动机使之怠速运转。

4）用手动真空泵给 EGR 阀施加约 19.95kPa 的负压，这时，应出现怠速不稳或发动机熄火的情况，否则检查 EGR 阀、管路是否堵塞。

第二步：检查燃油系统

1. 检查燃油压力

参考项目六第三步中的相关操作。如果测得的燃油压力偏低，说明燃油系统有故障，需要检查燃油系统，否则进行第三步检查进排气系统。

2. 检查燃油压力调节器

参考项目六第三步中的相关操作。

3. 检查燃油滤清器

参考项目六第三步中的相关操作。

4. 检查燃油管路

参考项目六第三步中的相关操作。

5. 检查电磁喷油器

参考项目六第三步中的检查电磁喷油器。

第三步：检查进排气系统

1. 检查进排气系统管路泄漏情况

实践操作 2：检查进排气系统管路泄漏情况

（1）拆卸发动机盖罩

（2）静态外观泄漏检查

1）进气管路检查。参考项目六第四步中的检查进气系统管路泄漏情况。

2）排气管路检查。

① 根据举升机的操作规范，举升车辆至合适位置。

图 8-9　检查前排气总管

② 检查并确认排气歧管衬垫处，前排气管总成及衬垫等各点是否有废气泄漏痕迹（图 8-9）。检查并确认前排气管氧传感器连接处各点，中央排气管及衬垫，排气尾管等处是否有废气泄漏痕迹（图 8-10）。

根据举升机的操作规范，举升车辆至合适位置。

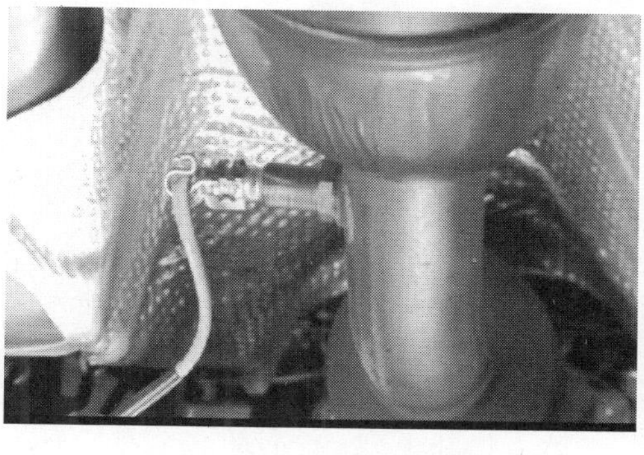

图 8-10　检查氧传感器处

（3）动态外观泄漏检查

1）检查档位是否处于 P 档或空档，驻车制动器处于制动状态。

2）起动发动机保持怠速运行一段时间。

3）按照静态外观的检查步骤，检查动态外观泄漏情况。

4）关闭点火开关，使发动机熄火。

（4）安装发动机盖罩

如在检测过程中发现泄漏，需立即做修复处理。

2. 检查空气滤清器

参考项目五第四步中的相关操作步骤。

3. 检查节气门体

参考项目十第一步中的相关操作步骤。

第四步：检查点火系统

参考项目五第二步中的相关操作步骤。

第五步：检查机械部分

参考项目五第五步中的相关操作步骤。

维修完成后，检验维修质量，并进行车辆最终检查，清洁、整理工量具，清洁、整理场地。

项目评价（见附录 A）

项目九

发动机油耗过高

项目导入

维修车间接到一辆2008年产卡罗拉1.6AT故障车，行驶里程5.6万km。用户反映该车近期发动机油耗过高（图9-1）。请根据故障特征检查并维修该车。

图9-1　发动机油耗过高故障

学习目标

【技能目标】

1）能通过与客户交流、查阅相关维修技术资料等方式获取车辆信息。

2）能根据故障现象制订正确的维修计划。
3）能根据维修计划合理地组织协调维修作业。
4）能正确使用工具、量具及检测维修设备。
5）能正确选择诊断设备对发动机耗油过高故障进行诊断。
6）能正确记录、分析各种检测结果并做出故障判断。
7）能按照正确操作规范进行相关部件的更换。
8）能按照维修标准对修复质量进行检查验收。
9）能对本次维修实践活动予以合理评估。
10）能根据环保要求，正确处理对环境和人体有害的废料和损坏零部件。

【知识目标】

1）掌握曲柄连杆机构的基础知识。
2）掌握配气机构的基础知识。

知识准备

1. 曲柄连杆机构的认识

（1）曲柄连杆机构的功用

曲柄连杆机构的功用是提供燃烧场所，把燃料燃烧后气体作用在活塞顶上的膨胀压力转变为曲轴旋转的转矩，不断输出动力。

1）将气体的压力变为曲轴的转矩。
2）将活塞的往复运动变为曲轴的旋转运动。

（2）曲柄连杆机构的组成

曲柄连杆机构由机体组、活塞连杆组、曲轴飞轮组三部分组成。

1）机体组：主要包括气缸体、气缸垫、气缸盖、曲轴箱及油底壳等不动件。
2）活塞连杆组：主要包括活塞、活塞环、活塞销、连杆等运动件。
3）曲轴飞轮组：主要包括曲轴、飞轮等。

2. 配气机构的认识

（1）配气机构的功用

配气机构的功用是按照发动机工作的要求，定时开闭进、排气门，使可燃混合气和空气进入气缸，并将废气排出气缸。

（2）配气机构的组成

配气机构由气门组、气门传动组组成。

1）气门组的组成。气门组包括气门、气门座、气门导管、气门油封、气门弹簧、气门弹簧座及锁片。气门组件的作用是保证实现气缸的可靠密封。工作要求：气门头部与气门座贴合紧密，不得漏气；气门导管对气门杆的往复运动导向良好；气门弹簧两端面与气门杆中心线相互垂直，以保证气门头在气门座上不偏斜；气门弹簧的弹力足以克服气门及其传动件的运动惯性力，使气门能迅速闭合，并保证气门关闭时压紧在气门座上。

2）气门传动组组成。气门传动组由凸轮轴、正时齿轮、挺杆、推杆、摇臂和摇臂轴等零件组成。

故障分析

发动机油耗过高是指它的百公里油耗超过规定的标准值。油耗过高，发动机的经济性就差。影响发动机油耗的因素很多，有发动机技术方面的因素，也有底盘技术方面的因素。不过最常见的原因是发动机气缸压力低。

气缸压力低应从密封和正时两个方面考虑。

1）在气缸内，活塞、气门、气缸垫共同组成燃烧室，保证气缸的密封性。如果活塞环折断或磨损严重，气门损坏或有积炭，气缸垫破损，均会造成气缸密封不良。图 9-2 所示为气缸盖和气缸内部情况。

2）配气正时就是进、排气门的实际开闭时刻。在活塞运动到一定位置时，进、排气门不能正常打开或关闭，就会造成气缸压力低或无压力，使发动机功率下降，油耗大，甚至不能起动。

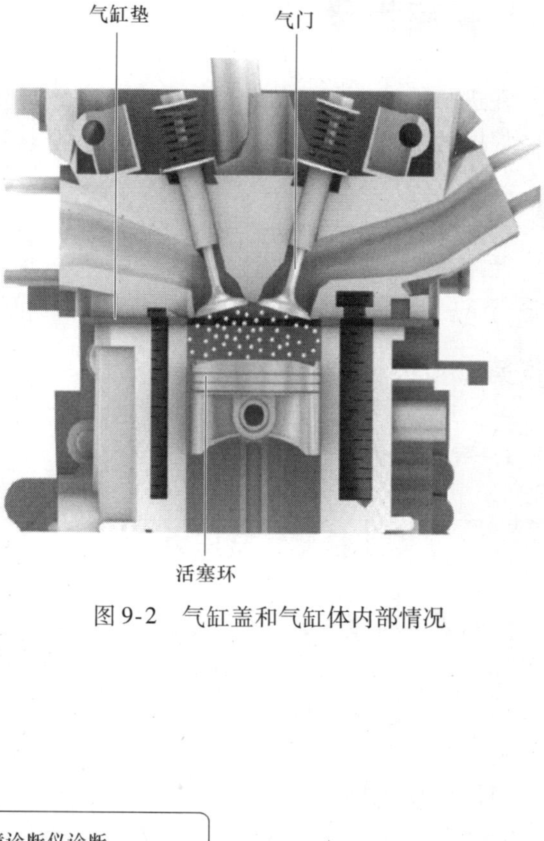

图 9-2　气缸盖和气缸体内部情况

实施路径

实施方案

1）课时建议：10 学时（按实际维修工时要求）。

2）教学环境：理实一体化教学实训中心。

3）质量要求：参照厂家的质量标准要求。

4）组织方式：学生自由组合，每4~6位同学为一组。

5）生产准备，每组配备的工具及设备：

① 场地：装有废气抽排系统和消防设施的实训维修车间。

② 举升机、安全支座、套装常用工具。

③ 卡罗拉轿车、维修作业台等。

④ 仪器：故障诊断仪、万用表。

⑤ 耗材：清洁布、清洗液等。

6）实训作业要求（见附录B）。

实施步骤

在进行故障诊断与维修之前，首先尝试起动发动机，仔细观察车辆状况，确认故障现象。根据故障特征初步判断可能发生的故障区域。

第一步：汽车故障诊断仪诊断

使用汽车故障诊断仪读取故障码，参见项目一相关的检查步骤操作。没有发现故障码，则进行下一步检查。

第二步：检查机械部分

1. 气缸压力

实践操作1：检测气缸压力

1）发动机暖机。

2）拆下点火线圈与火花塞。

3）断开4个喷油器线束插接器。

4）选用气缸压力表，观察气缸压力表是否完整，指针是否归零，气压阀开关开闭是否正常，正确组装气缸压力表附件。

5）将气缸压力表的测量杆橡胶密封塞对正火花塞安装孔，将其压紧，确保与火花塞孔密封良好（图9-3）。

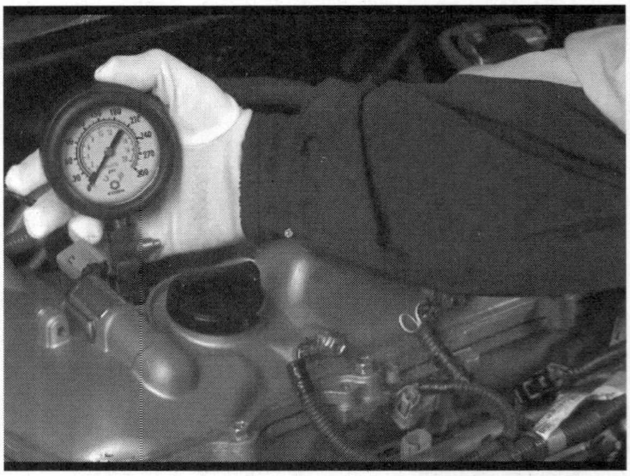

图9-3　安装气缸压力表

6）踩下加速踏板，起动发动机，运转发动机的同时测量气缸压力，以同样的方法依次测量四个缸的压力，每缸测量 2～3 次（图 9-4）。

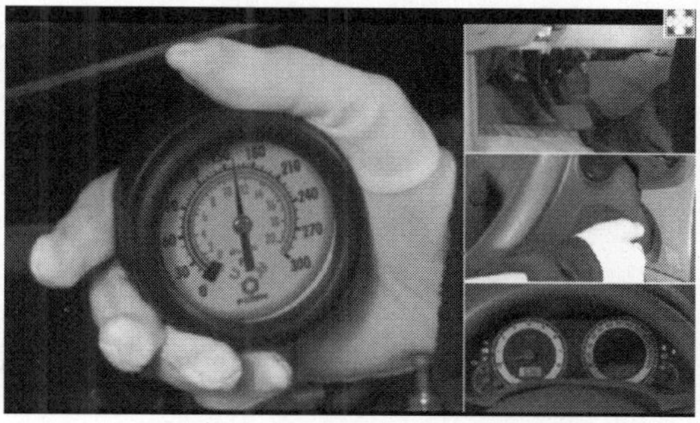

图 9-4　检查气缸压力

7）读取并记录数据，与维修手册中的数据对比。

8）如果测得所有气缸压力全部偏低，且里程表显示行车里程很长，则可能是气缸磨损。

9）如果测得某一缸的气缸压力偏低，向气缸中加入少量机油，再次进行测量，如果压力回升，说明活塞环损坏，需要进一步检查活塞环。

10）如果压力继续偏低，说明气门卡滞或未正确就位，或者气缸盖衬垫漏气，需要检查气门或者气缸盖衬垫。

11）连接 4 个喷油器线束插接器。

12）安装点火线圈与火花塞。

注意

在尽可能短的时间内测量气缸压力，此时发动机依靠起动机的带动运转，如果时间过长可能损坏起动机或蓄电池。

2. 检查气门

实践操作 2：拆卸气缸盖

1）根据维修手册，选用 10mm 六角套筒、接杆、指针式扭力扳手，正确组合工具。

2）按手册规定顺序，分次拧松气缸盖螺栓。

3）依次取下螺栓，使用磁棒，吸取平垫圈，按顺序摆放好。

4）使用一字螺钉旋具，在头部缠上胶带，在维修手册规定的撬松部位，撬松气缸盖。

5）抬下气缸盖，平稳放到垫有布的枕木上。

注意

① 在使用头部缠有胶带的螺钉旋具时，小心不要损坏气缸盖与气缸体之间的接触面。

② 保证受力方向垂直于气缸盖与气缸体接触面向上。

实践操作3： 更换气门

1. 拆卸气门

1）选择气门拆装钳，安装在需要拆卸的气门上。

2）逐渐压紧气门弹簧，使气门锁片露出。

3）使用磁棒，依次取出2个气门锁片。

4）拧松气门拆装钳并取下，依次取出气门弹簧座圈和气门弹簧。

5）将气缸盖侧立放在枕木上，取下气门。

2. 检查气门

1）检查气门外观是否有破损、裂纹、溶蚀、烧蚀等损失，如果有，则更换气门。

2）检查气门杆是否弯曲，气门头部是否歪斜，如果有则更换气门。

3）检查气门杆尾部是否有磨痕或疤痕。如果有，则用砂轮修磨；如果磨损超过极限，则更换气门。

3. 安装气门

1）将气缸盖侧立，用压缩空气清洁表面与气门导管，在气门杆上涂一薄层机油，装入气门导管。

2）将气缸盖平放，依次安装气门弹簧、气门弹簧座圈，用气门拆装钳压缩气门弹簧，使气门杆端部环槽露出。

3）安装2个气门锁片，缓慢松开气门拆装钳，使锁片可靠落座，并取下气门拆装钳（图9-5）。

图9-5　安装气门锁片

4）用塑料锤轻敲气门杆顶部，以全包气门弹簧、气门座圈、气门锁片并安装到位。

3. 检查活塞环

实践操作4： 更换活塞环

1. 拆卸活塞连杆组

1）检查并确认连杆和连杆盖上的装配标记，若无标记，应在连杆轴承盖上做好标记。

2）选用指针式扭力扳手，旋松螺栓。

3）选用14mm套筒、接杆、棘轮扳手，正确组合工具，拧松螺栓，但不要取下螺栓。

4）用手握紧螺栓头部，摇动连杆轴承盖并取下（图9-6）。

图9-6　取下连杆轴承盖

5）选用塑料锤，用木柄轻轻敲击连杆大端，退出活塞连杆组并用手取下。

2. 拆卸活塞环

1）选用活塞环扩张器，拆下 2 个气环（图 9-7）。

2）用手拆下油环刮片和油环弹簧。

图 9-7　拆卸活塞环

3. 测量活塞直径

在距离活塞裙部 12.6mm 处，用千分尺测量与活塞销孔成直角的活塞直径，正常直径应为 80.461 ~ 80.471mm，如果测得的直径不符合标准，应更换活塞（图 9-8）。

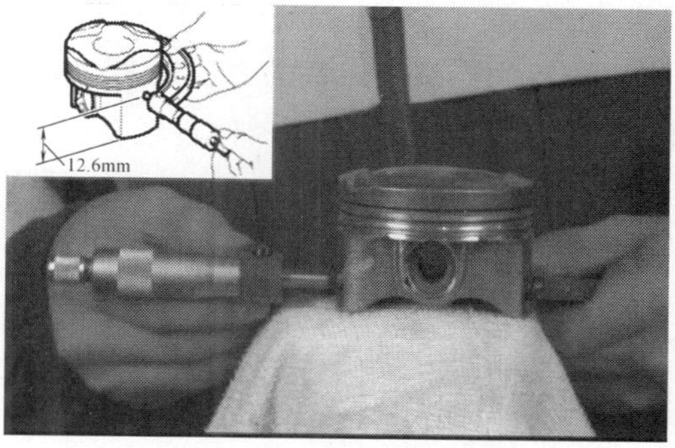

图 9-8　测量活塞直径

4. 测量活塞环侧隙

1）把 1 号环放在环槽内，轻轻转动一周，活塞环应能自由移动，无阻滞现象（图 9-9）。

2）选择合适的塞尺进行测量，正常的环槽间隙应为 0.02 ~ 0.07mm，如果不符合标准，则更换活塞。

3）用同样的方法测量 2 号环和油环的环槽间隙，2 号环槽间隙标准为 0.02 ~ 0.06mm，油环环槽间隙标准为 0.02 ~ 0.065mm，如果不符合标准，则更换活塞。

图 9-9　检查活塞环

5. 测量活塞环端隙

1）用压缩空气吹净气缸壁。

2）把 1 号活塞环放在气缸体顶部，用活塞将活塞环向内推动超过 50mm。

3）选用塞尺进行测量（图 9-10），1 号环端隙最大为 0.5mm，其标准为 0.2 ~ 0.3mm。若不符合标准，则更换活塞环；如果更换新的活塞环之后，端隙仍不符合标准，则更换气缸体。

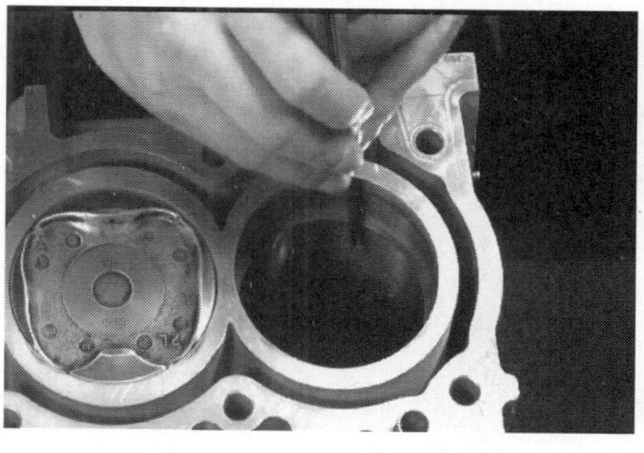

图 9-10　检查活塞环端隙

4）用同样的方法测量2号环和油环的端隙，2号环端隙最大为0.7mm，其标准为0.3～0.5mm；油环端隙最大为0.7mm，其标准为0.1～0.4mm。

6. 安装活塞环

1）用手安装油环弹簧、下刮油环和上刮油环。

2）选择活塞环扩张器，安装2个气环，安装时注意将气环上的标记朝上。

3）在所有活塞环端口位置加注润滑油，用手将活塞环转动一周。

4）1号气环与2号气环端口呈180°，并与曲轴轴颈呈逆时针45°（图9-11）。

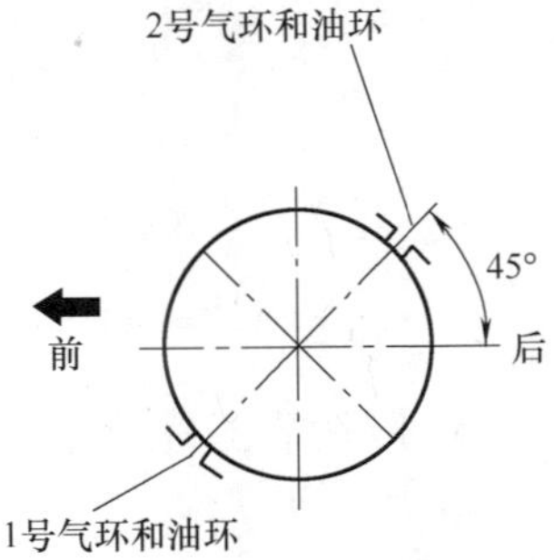

图9-11　活塞环对口

5）选用活塞环卡箍，在活塞头部安装并旋紧卡箍，将活塞轻轻放入气缸内，用木槌柄轻轻将活塞推入气缸内。

6）选用10mm套筒、接杆、扭力扳手，正确组合工具。

7）先用手旋入螺栓，然后以20N·m的力矩拧紧螺栓。

8）用红色油漆在螺栓上做一个标记，再用指针式扭力扳手紧固90°。

4. 检查气缸盖衬垫

检查气缸盖衬垫型号是否与原厂一致，检查表面是否平整、是否有划痕、凹陷、褶皱、锈污等现象，包边贴合是否牢固。

5. 检测配气正时

发动机的配气正时正确与否，对发动机的工作性能有很大的影响。配气正时过早（排气行程活塞到达上止点时，进气门开启过大，排气门关闭过早）会出现排气不彻底的问题；配气正时过晚（排气行程活塞到达上止点时，进气门开启过小，甚至未能开启，排气门仍处于较大开度）则会出现进气阻力过大、进气不充分的问题。配气正时过早或过晚都会影响发动机充气系数，进而影响发动机的动力性能。

检查正时链条上的彩色链节和带轮上的标记是否对齐。凸轮轴、曲轴正时记号是否对齐，如果没有对齐，需要拆下链条，重新对正标记。

维修完成后，检验维修质量，并进行车辆最终检查，清洁、整理工量具，清洁、整理场地。

项目评价（见附录A）

10

项目十

发动机加速不良

项目导入

维修车间接到一辆2003年产卡罗拉1.6AT故障车，行驶里程7.6万km。行驶过程中踩下加速踏板，发动机转速不能马上升高，有迟滞现象，并且发动机有轻微的抖动（图10-1）。请根据故障特征检查并排除故障。

图10-1 发动机加速不良故障

学习目标

【技能目标】

1）能通过与客户交流、查阅相关维修技术资料等方式获取车辆信息。

2）能根据故障现象制订正确的维修计划。
3）能根据维修计划合理地组织协调维修作业。
4）能正确使用工具、量具及检测维修设备。
5）能正确选择诊断设备对发动机加速不良故障进行诊断。
6）能正确记录、分析各种检测结果并做出故障判断。
7）能按照正确操作规范进行相关部件的更换。
8）能按照维修标准对修复质量进行检查验收。
9）能对本次维修实践活动予以合理评估。
10）能根据环保要求，正确处理对环境和人体有害的废料和损坏零部件。

【知识目标】

了解节气门位置传感器的基本知识。

知识准备

1. 节气门位置传感器

节气门由驾驶员通过加速踏板来操纵，以改变发动机的进气量，从而控制发动机的运转。不同的节气门开度标志着发动机的不同运转工况。为了使喷油量满足不同工况的要求，电子控制汽油喷射系统在节气门轴的一端安装有节气门位置传感器（图 10-2）。它可以将节气门的开度转换为电信号输送给 ECU，作为 ECU 判断发动机工况的依据。

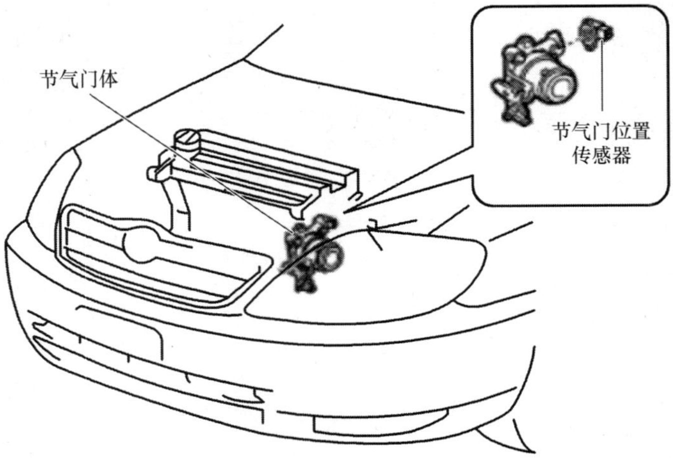

图 10-2　节气门位置传感器在汽车上的位置

节气门位置传感器用于检测节气门的开度及其变化，ECU 则利用其信号对喷油量、点火正时、怠速等进行修正控制，以实现某些特定的控制功能。例如：加速及大负荷时对混合气进行适度加浓、怠速时维持转速稳定、强制减速或超速时进行断油控制等。可见，该传感器发生故障时，可能会带来发动机加速不良、最大功率不足、怠速不稳等方面的问题。

另外，节气门位置传感器还是自动变速器换档控制的主要传感器之一，对自动换档影响重大，发生故障时可能会引起不能换档和换档冲击等方面的问题。

节气门位置传感器按结构大致可分为触点开关式、滑线电阻式、复合式和霍尔式等四种。其中霍尔式节气门位置传感器由霍尔集成芯片 IC 和可绕其转动的磁铁构成。

在节气门位置传感器中，磁铁与节气门同轴，即和节气门一起转动。当节气门开启时，磁铁也一同转动，改变位置。此时霍尔 IC 探测到磁铁位置变化所造成磁通量的变化并产生霍尔效应，从 VTA1 端子和 VTA2 端子输出信号电压，如图 10-3 所示。

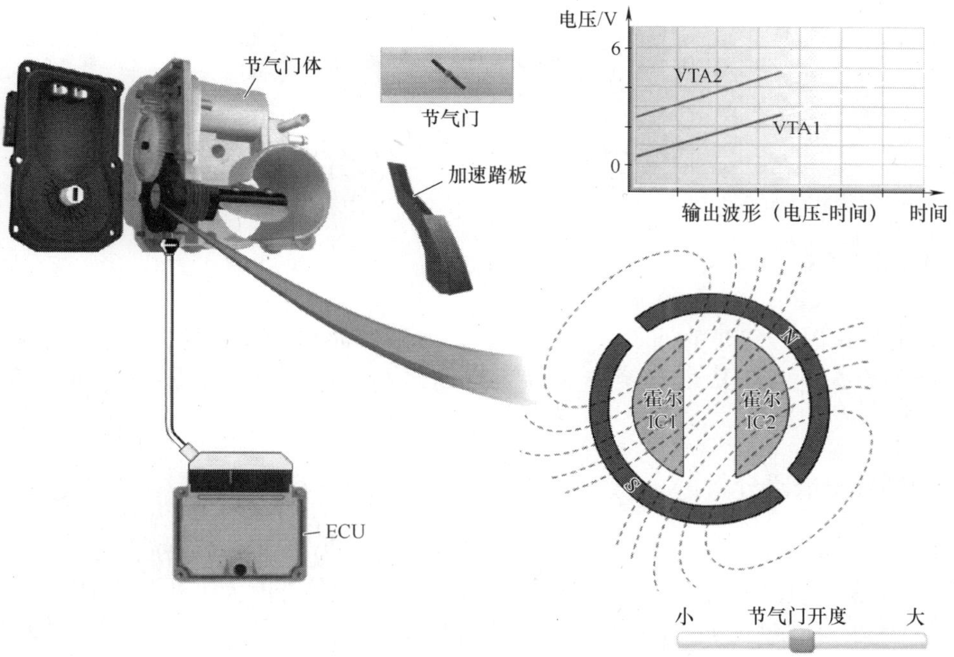

图 10-3　节气门位置传感器及其输出波形

2. 加速踏板位置传感器

目前的许多汽车发动机都采用了全电子节气门，此时，在驾驶人的脚下还需要另外增设一个加速踏板位置传感器，发动机 ECU 利用该传感器的信号来控制全电子节气门的开度。加速踏板位置传感器有两种：滑线电阻式和霍尔式。为了确保其工作的可靠性，此传感器往往有两个不同特性的输出信号。其中霍尔式加速踏板位置传感器的结构域工作原理与霍尔式节气门位置传感器相同。为确保较好的工作可靠性，两套信号系统都有各自独立的电路（图 10-4）。

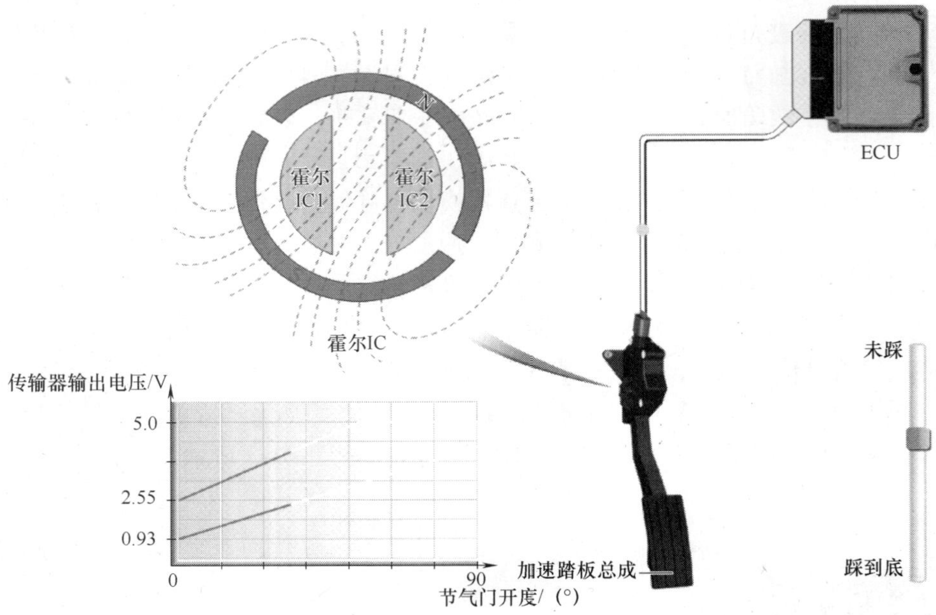

图 10-4 加速踏板传感器及其输出波形

故障分析

发动机加速时，需要的油、气都要增多，如果供油和供气不足，必然会引起发动机加速不良。检查时，应从供给系统入手。另外，点火不良或气缸压力低也会造成加速不良。

1. 控制部分故障分析

控制部分故障主要有加速踏板位置传感器故障和节气门位置传感器故障。

节气门位置传感器由节气门轴驱动，用于检测节气门的开度大小和开关的快慢，并将其转换为电信号传给 ECU，作为 ECU 判定发动机运转工况、调整喷油量和喷油正时的依据。常见的节气门位置传感器有可变电阻式和霍尔式。如果是可变电阻式传感器，则可能出现触点磨损、电阻片断裂等故障；如果是霍尔式传感器，则可能出现霍尔元件破损、电磁线圈短路或断路等故障。

加速踏板位置传感器用于检测驾驶人踩下加速踏板的深度位置，它具有冗余设计的电位计线性结构，安装在驾驶室内，其滑动端子由加速踏板轴带动。加速踏板的位置不同时，该传感器所反应给 ECU 的电阻信号也不同，系统根据它输出的电压信号值及其变化速率判定发动机的实时负载和动态变化状况：ECU 依据该信号来确定力矩控制（油量控制）、怠速控制（高、低怠速）、减速断油控制、跛行回家控制等。

2. 供给系统故障分析

供给系统中最常见的故障是进气管漏气和喷油器故障。漏气越多，加速越不良。空气滤清器、节气门体脏堵，也会造成供气不足。喷油器脏堵引起的单缸喷油不良也会造成加速不良。

3. 点火系统故障分析

点火正时故障主要是点火系统点火过晚。点火过晚的故障原因主要是点火正时失准，需要检查点火正时。

4. 机械部分故障分析

机械部分故障主要是气缸压力低。由于车辆老化，气缸垫损坏使得气缸压力偏低或者无气缸压力，其结果是造成加速不良。

实施路径

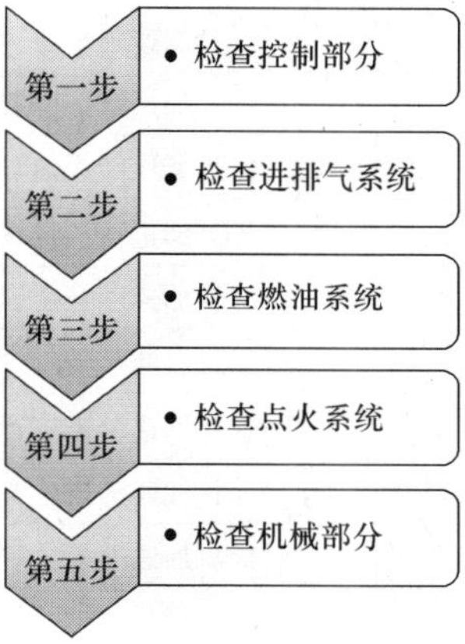

实施方案

1）课时建议：10 学时（按实际维修工时要求）。
2）教学环境：理实一体化教学实训中心。
3）质量要求：参照厂家的质量标准要求。
4）组织方式：学生自由组合，每 4 ~6 位同学为一组。
5）生产准备，每组配备的工具及设备：
① 场地：装有废气抽排系统和消防设施的实训维修车间。
② 举升机、安全支座、套装常用工具。
③ 卡罗拉轿车、维修作业台等。
④ 仪器：故障诊断仪、万用表。
⑤ 耗材：清洁布、清洗液等。
6）实训作业要求（见附录 B）。

实施步骤

在进行故障诊断与维修之前，首先尝试起动发动机，仔细观察车辆状况，确认故障现象。根据故障特征初步判断可能发生的故障区域。

第一步：检查控制部分

使用故障诊断仪读取故障码，可能的故障码见表 10-1。

表 10-1　故障码

加速踏板传感器	P2120	节气门/加速踏板位置传感器/开关“D”电路
	P2122	节气门/加速踏板位置传感器/开关“D”电路低输入
	P2123	节气门/加速踏板位置传感器/开关“D”电路高输入
	P2125	节气门/加速踏板位置传感器/开关“E”电路
	P2127	节气门/加速踏板位置传感器/开关“E”电路低输入
	P2128	节气门/加速踏板位置传感器/开关“E”电路高输入
	P2138	节气门/加速踏板位置传感器/开关“D”“E”电压
节气门位置传感器	P0120	节气门/加速踏板位置传感器/开关“A”电路故障
	P0122	节气门/加速踏板位置传感器/开关“A”电路低输入
	P0123	节气门/加速踏板位置传感器/开关“A”电路高输入
	P0220	节气门/加速踏板位置传感器/开关“B”电路
	P0222	节气门/加速踏板位置传感器/开关“B”电路低输入
	P0223	节气门/加速踏板位置传感器/开关“B”电路高输入
	P2135	节气门/加速踏板位置传感器/开关“A”“B”电压

1. 检查加速踏板传感器（图 10-5）

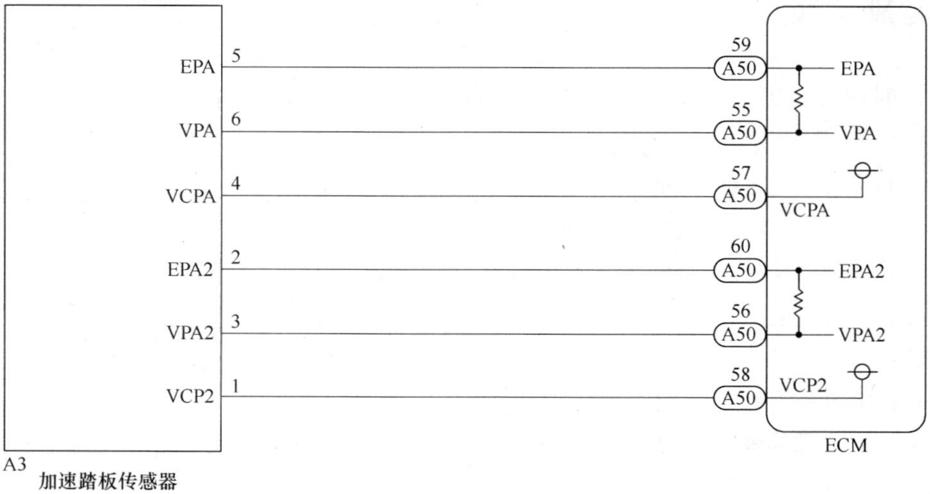

图 10-5　加速踏板位置传感器与 ECM 连线

（1）使用故障诊断仪读取数值（1 号加速踏板位置和 2 号加速踏板位置）

1）将故障诊断仪连接到 DLC3。

2）将点火开关置于“ON”位置，并开启故障诊断仪。

① 选择以下菜单项：Powertrain/Engine and ECT/Data List/Accelerator Position No. 1 and Accelerator Position No. 2。

② 读取检测仪上的显示值。标准电压见表 10-2。

表 10-2　标准电压（一）

加速踏板的操作	1 号加速踏板位置	2 号加速踏板位置
松开	0.5～1.1V	1.2～2.0V
踩下	2.6～4.5V	3.4～5.0V

如果读取电压值异常，则进行下一步检测；如果电压值正常，则检测间歇性故障。

（2）检查 ECM（VCPA 和 VCP2 电压）

1）断开加速踏板位置传感器插接器（图 10-6）。

2）将点火开关置于“ON”位置。

3）根据表 10-3 中的值测量电压。

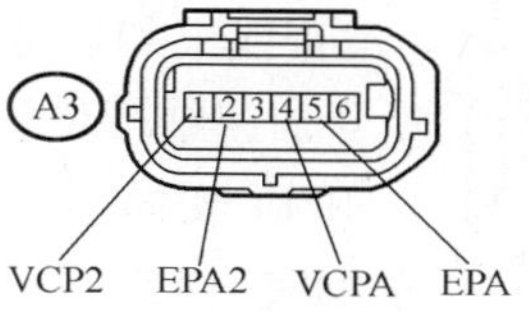

图 10-6　断开加速踏板位置传感器插接器

表 10-3　标准电压（二）

加速踏板的操作	开关状态	规定状态
A3-4（VCPA）—A3-5（EPA）	点火开关置于“ON”位置	4.5～5.5V
A3-1（VCP2）—A3-2（EPA2）	点火开关置于“ON”位置	4.5～5.5V

如果所测电压值正常，则继续检查 ECM；如果异常，则继续检查线束和插接器（加速踏板位置传感器—ECM）。

（3）检查 ECM（加速踏板位置传感器控制电路）

1）断开加速踏板位置传感器插接器。

2）根据表 10-4 中的值测量电阻。

表 10-4　标准电阻

故障诊断仪连接	条　件	规　定　值
A3-2（EPA2）—A3-3（VPA2）	始终	36.60～41.61kΩ
A3-5（EPA）—A3-6（VPA）	始终	36.60～41.61kΩ

如果所测电阻值正常，则更换加速踏板总成（加速踏板位置传感器）；如果异常，则继续检查线束和插接器（加速踏板位置传感器—ECM）。

实践操作 1： 更换加速踏板总成

1. 拆卸加速踏板总成

1）断开加速踏板位置传感器插接器。

2）拆下 2 个螺栓和加速踏板总成（图 10-7）。

2. 安装加速踏板总成

1）用 2 个螺栓安装加速踏板总成，力矩为 5.4N·m。

2）拆下 2 个螺栓和加速踏板总成。

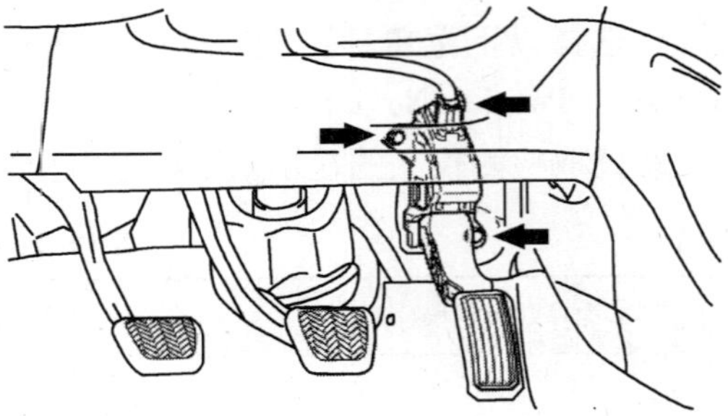

图 10-7 拆下加速踏板

（4）检查线束和插接器（加速踏板位置传感器—ECM）

1）断开加速踏板位置传感器插接器。

2）断开 ECM 插接器。

3）根据表 10-5、表 10-6 中的值测量电阻。

表 10-5 标准电阻（断路检查）

故障诊断仪连接	条 件	规 定 值
A3-6（VPA）—A50-55（VPA）	始终	小于 1Ω
A3-5（EPA）—A50-59（EPA）	始终	小于 1Ω
A3-3（VPA2）—A50-56（VPA2）	始终	小于 1Ω
A3-2（EPA2）—A50-60（EPA2）	始终	小于 1Ω

表 10-6 标准电阻（短路检查）

故障诊断仪连接	条 件	规 定 值
A3-6（VPA）或 A50-55（VPA）—车身搭铁	始终	10kΩ 或更大
A3-5（EPA）或 A50-59（EPA）—车身搭铁	始终	10kΩ 或更大
A3-3（VPA2）或 A50-56（VPA2）—车身搭铁	始终	10kΩ 或更大
A3-2（EPA2）或 A50-60（EPA2）—车身搭铁	始终	10kΩ 或更大

4）重新连接加速踏板位置传感器插接器。

5）重新连接 ECM 插接器。

如果所测电阻值正常，则更换 ECM；如果所测电阻值异常，则需要维修或更换线束和插接器。

2. 车上检查

1）将故障诊断仪连接到汽车上。

2）将点火开关置于“ON”位置，开启故障诊断仪，按以下路径进入检测界面：Powertrain/Engine and ECT/Data List/Throttle Postiton。

3）节气门全开时，检查并确认“Throttle Postiton”值在规定范围内。正常情况下，标准节气门开度百分比为 60% 或更高。

4）如果测得的数据小于60%，则更换节气门体，请参考本项目实践操作2。

实践操作2：更换节气门体

1. 拆卸空气滤清器罩盖

1）取下发动机盖罩。

2）按下空气流量传感器插接器锁舌，分离空气流量传感器插接器。

3）松开空气滤清器盖2个卡箍，将卡箍移除阻挡位置，断开2号通风软管（图10-8）。

图10-8　断开通风软管

4）选用合适工具（10mm套筒、接杆、棘轮扳手），正确组合工具，松开进气软管与节气门体固定螺栓（图10-9）。

5）松开进气软管与节气门体的连接，然后取下空气滤清器罩盖。

图10-9　松开节气门体固定螺栓

2. 拆卸节气门体

1）分离节气门位置传感器插接器（图10-10）。

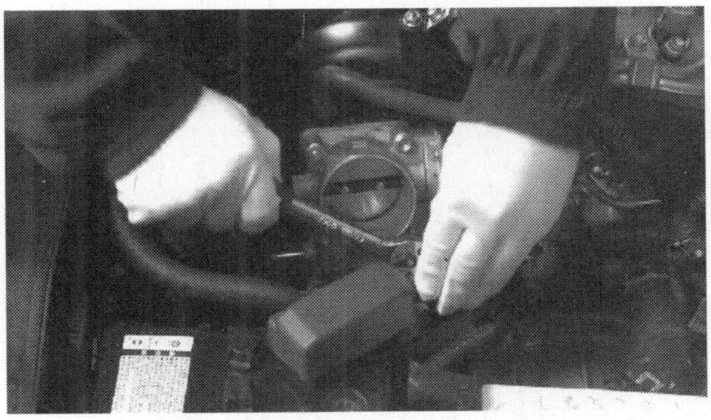

图10-10　分离节气门位置传感器插接器

2）选用鲤鱼钳，将节气门体上连接的2根水软管卡箍移出阻挡位置，并断开水软管（图10-11）。

3）选用合适工具（10mm套筒、棘轮扳手），正确组合工具，按对角顺序拧松节气门体的2个固定螺栓和2个固定螺母，拆下节气门体。

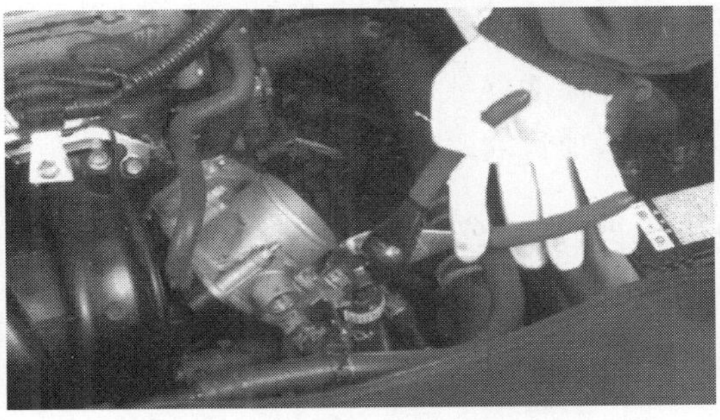

图10-11　断开水软管

注意

（1）按对角顺序拆卸节气门体固定螺栓与固定螺母。

（2）如果节气门体与座粘贴牢固不易取下，可使用木质锤柄轻轻敲击振动连接处进行松动。

3. 检查节气门位置传感器

1）选用数字万用表，将红、黑表笔对接，检查万用表的测量误差。

2）将表笔分别连接到节气门位置传感器的 1 和 2 端子上，观察检测值并记录数据（图 10-12）。

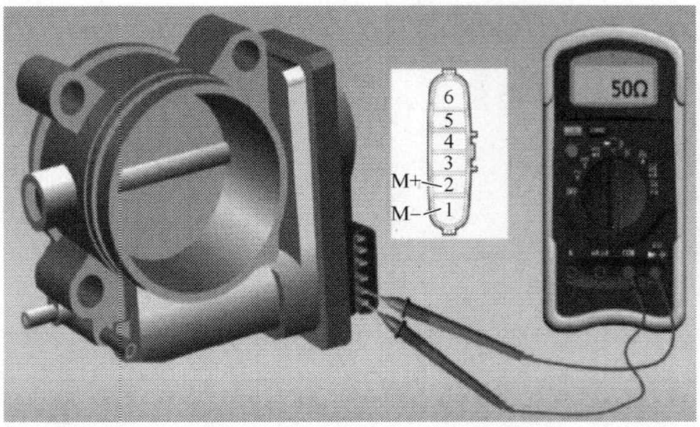

图 10-12　检查节气门位置传感器

3）将测量结果与维修手册进行对比，如果不符合规定值，则更换节气门体。20℃时，标准电阻值为 0.3 ~ 100Ω。

4. 安装节气门体

1）按照拆卸节气门体相反的顺序进行安装。

2）安装完毕后，再次进行车上检查，检查节气门位置传感器开度百分比是否在 60% 以上。

注意

安装节气门体固定螺栓与固定螺母时，力矩为 10N · m。

第二步：检查进排气系统

参考项目五中的相关操作步骤。

第三步：检查燃油系统

检查喷油器。

参考项目六中的相关操作步骤。

第四步：检查点火系统

检查点火正时。

实践操作3：检查点火正时

1. 安装点火正时灯

1）拉紧驻车制动手柄，将档位置于N档。

2）起动发动机运转一段时间，使冷却液温度不低于80℃后，关闭发动机。

3）选用点火正时灯（图10-13），将感应夹连接至第一缸点火信号线，红色夹子连接至蓄电池正极，黑色夹子连接至蓄电池负极。

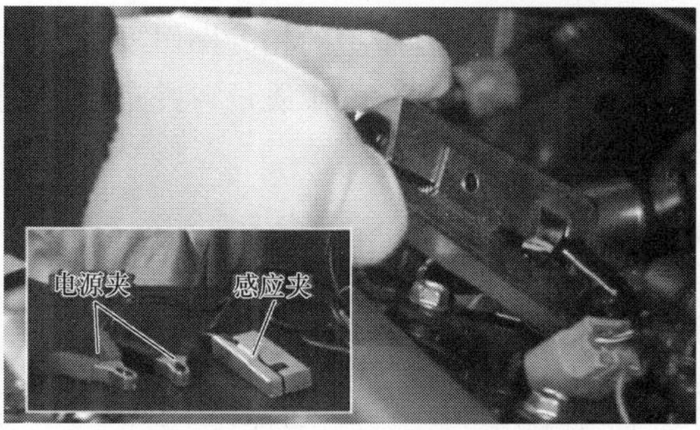

图10-13　连接点火正时灯

4）确认点火开关置于“LOCK”位置，打开诊断接口盖。

5）使用SST连接诊断接口的13TC和4CG端子（图10-14）。

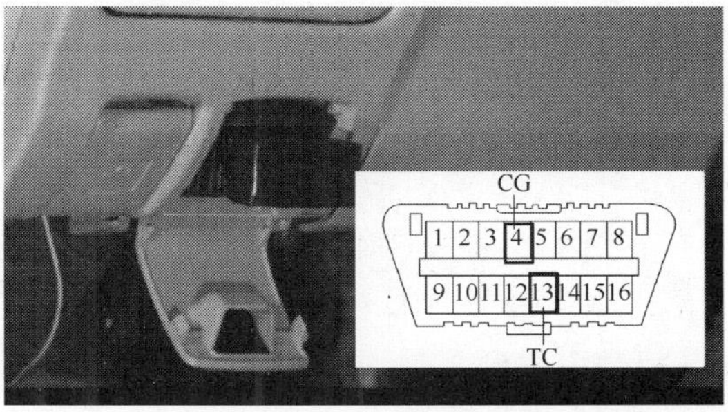

图10-14　连接诊断接口的13TC和4CG端子

2. 检查点火正时

1）起动发动机保持怠速运转。

2）使用点火正时灯直接照射曲轴带轮。

3）调整点火正时灯调整按钮，使曲轴带轮上的正时记号与气缸体上的正时记号零刻度对应上时，读取点火正时灯上的数值，即为点火正时。

4）发动机怠速下，点火正时标准数值为8°～12°BTDC（怠速点火正时），若测得的数值不符合标准，则需要进行调整（图10-15）。

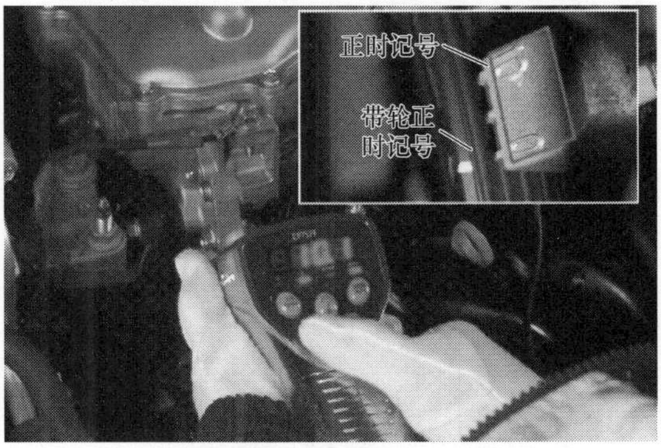

图10-15　检查点火正时

3. 取下点火正时灯

1）关闭发动机，依次取下红、黑线夹、感应夹，取下点火正时灯。

2）取下SST，关闭车辆检查端口盖。

3）安装发动机盖罩。

注意

① 短接13TC和4CG端子的目的是为了读取初始点火提前角，连接端子前应检查端子号，端子连接错误可能会损坏发动机。

② 现在很多车辆的点火正时是固定不可调的，若发现点火正时失准，需要从引起点火正时失准的源头进行检查与调整。

第五步：检查机械部分

参考项目五第五步中的相关操作步骤。

维修完成后，检验维修质量，并进行车辆最终检查，清洁、整理工量具，清洁、整理场地。

项目评价（见附录 A）

附 录

附录 A 项目评价

考评项目		自我评价	小组互评	教师评价
素质考评（20分）	劳动纪律（4分）			
	安全意识（4分）			
	环保意识（4分）			
	团队精神（4分）			
	协作能力（4分）			
技能考评（80分）	工具量使用（10分）			
	任务方案（15分）			
	实施过程（30分）			
	完成结果（15分）			
	工单填写（10分）			
合计（100分）				
综合评价（100分）				

学生签字：__________ 组长签字：__________ 教师签字：__________

附录 B 实训作业要求

1）职业化形象，穿戴干净整洁的制服（附图1）。

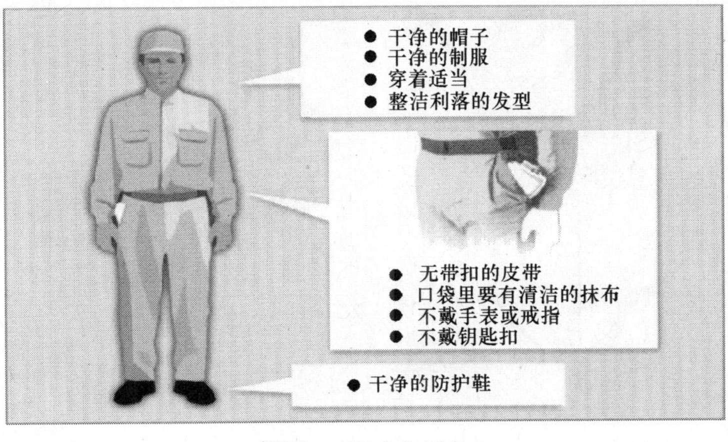

附图1 职业化形象

2）安全生产，遵守场地安全规定（附图2）。

附图2　安全生产

3）遵守纪律，严格执行操作规程（附图3）。

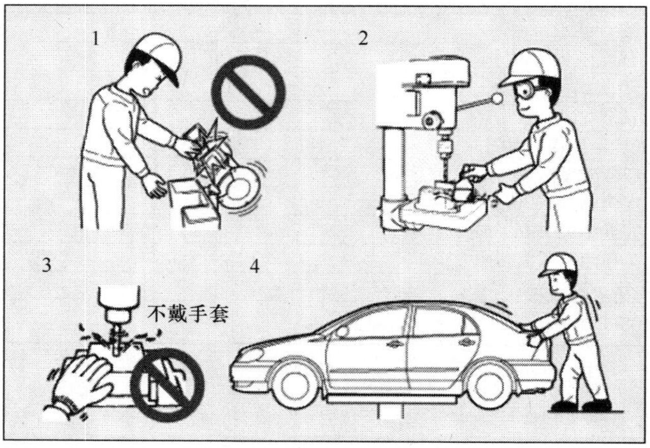

附图3　遵守纪律

4）互助、关爱，注意用电安全事项（附图4）。

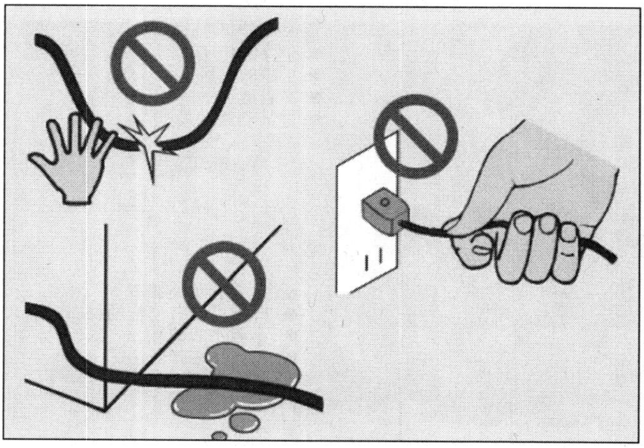

附图4　注意用电安全事项

5）保持场地整洁，避免自己和他人受到伤害（附图5）。

附图5　保持场地整洁

6）团队协作，有组织地计划与准备（附图6）。

附图6　团队协作

7）提高效率，快速、可靠地工作（附图7）。

附图7　提高效率

8）5S 观念，培养良好的工作习惯（附图 8）。

5S

1. SEIRI(整理)
2. SEITON(整顿)
3. SEISO(清扫)
4. SEIKETSU(清洁)
5. SHITSUKE(自律)

附图 8　5S 观念

参考文献

[1] 李百华. 汽车发动机电控技术 [M]. 北京：机械工业出版社，2009.
[2] 杨洪庆. 汽车发动机电控技术 [M]. 北京：中国人民大学出版社，2009.
[3] 徐剑东，谭本忠. 汽车自控发动机原理与维修图解教程 [M]. 北京：机械工业出版社，2010.
[4] 曹云刚. 汽车发动机电控系统检测与维修 [M]. 重庆：重庆大学出版社，2011.
[5] 康国初. 汽车发动机电控系统检修 [M]. 北京：清华大学出版社，2009.